Irma Dütsch

Saas-Fee for Gourmets

27 Küchenchefs und Produzenten stellen Gourmet-Rezepte mit internationalem Flair vor
27 chefs et producteurs présentent leurs recettes gastronomiques relevées d'une note internationale
27 CHEFS AND PRODUCERS PRESENT GOURMET RECIPES WITH AN INTERNATIONAL FLAIR

Inhalt

	Seite/Page/Page
Frühlingsblumenwiese beim Stafelwald / *Prairie fleurie près de Stafelwald* / Field of spring flowers in Stafelwald	04
VORWORT VON IRMA DÜTSCH / *PRÉFACE D'IRMA DÜTSCH* / **PREFACE BY IRMA DÜTSCH**	**06**
Übersicht auf das winterliche Saas-Fee / *Vue sur Saas-Fee en hiver* / Overview of wintery Saas-Fee	10
GENUSSMEILE / *MILE GOURMANDE* / **GOURMET MILE**	**12**
Alphubel und Täschhorn vom Kinderspielplatz auf Hannig / *L'Alphubel et le Täschhorn depuis la place de jeux sur le Hannig* / The Alphubel and Täschhorn as seen from the Hannig children's playground	16
Panorama Hotel Alphubel	**18**
Alter Lerch am Höhenweg nach Grächen / *Vieux mélèze sur le sentier panoramique menant à Grächen* / Old larch tree on the high trail to Grachen	26
Restaurant Bärgji-Alp Grächen	**28**
Letzte Nebelschwaden am Mittaghorn / *Dernières brumes sur le Mittaghorn* / Last wisps of mist on the Mittaghorn	36
Romantik Hotel Beau-Site	**38**
Blick durch die Stadel «Am Biel» zum Alphubel / *Vue sur l'Alphubel à travers la grange «Am Biel»* / View of the Alphubel as seen through the barn «Am Biel»	46
Cabane du Fromage	**48**
Herbststimmung beim Seelein Melchboden / *L'automne s'installe près du petit lac de Melchboden* / Autumnal mood at Lake Melchboden	56
Steakhouse Chüestall	**58**
Blühende Bergwiese in der Wildi / *Prairie alpestre en fleur dans le Wildi* / Alpine meadows in bloom in Wildi	66
Ristorante Pizzeria Don Ciccio	**68**
Das Drehrestaurant Allalin in der Dämmerung / *Le restaurant tournant d'Allalin au crépuscule* / The Allalin revolving restaurant at twilight	76
Drehrestaurant & Eisgrotte	**78**
Morgendliche Lichtstimmung beim Almagellerhorn / *L'Almagellerhorn dans la lumière matinale* / Morning light on the Almagellerhorn	86
Ferienart – Restaurant Cäsar Ritz	**88**
Winterstimmung im alten Dorfteil «Lomattu» / *Ambiance hivernale dans le vieux quartier de «Lomattu»* / Winter mood in the historic «Lomattu» quarter	96
Ferienart – Restaurant Vernissage	**98**
Prächtige Bäume im Herbstkleid vor Fletschhorn, Laggin und Weissmies / *Parures automnales devant le Fletschhorn, le Lagginhorn et le Weissmies* / Magnificent trees in their autumn colours in front of the Fletschhorn, Laggin and Weissmies	106
Waldhotel Fletschhorn	**108**
Abenteuerlustige beim Durchsteigen der Feeschlucht / *Aventuriers dans la Gorge Alpine* / Adventurous individuals climbing through the Fee Gorge	116
Hotel du Glacier	**118**
Eindrücklicher Findling am Fusse des Feegletschers / *Fascinant bloc erratique au pied du Feegletscher* / An impressive boulder at the foot of the Feegletscher	126
Chalet-Hotel GletscherGarten **Restaurant Carl Zuckmayer-Stube**	**128**
Der verschneite Weiler «Honeggu» / *Hameau de «Honeggu» enneigé* / The snowy hamlet of «Honeggu»	136

Table des matières / contents

Hohnegg's Restaurant & Gourmetstübli	*138*
Hohnegg's Fonduehütte	*146*
Im alten Dorfteil «Lomattu» / *Dans le vieux quartier de «Lomattu»* / In the historic «Lomattu» quarter	*150*
Bäckerei Konditorei Confiserie Tea-Room Imseng	*152*
Gletscherbräu	*160*
Nebelschwaden am Mittaghorn / *Brume sur le Mittaghorn* / Mist on the Mittaghorn	*162*
Grand Hotel Metropol	*164*
Auf dem Kapellenweg kurz vor Saas-Fee / *Sur le chemin des chapelles peu avant Saas-Fee* / On the Kapellenweg trail just before Saas-Fee	*172*
Restaurant Moosalp Törbel	*174*
Auf dem Weg zum Hannig mit herbstlich verschneiten Allalin und Alphubel / *Sur le chemin menant au Hannig avec l'Allalin et l'Alphubel saupoudrés de neige automnale* / The Allalin and Alphubel with autumn snow as seen on the way to Hannig	*182*
Bergrestaurant Morenia	*184*
Nebelstimmung auf dem Höhenweg Saas-Fee-Grächen / *Atmosphère brumeuse sur le sentier panoramique de Saas-Fee à Grächen* / Mist on the Saas-Fee-Grächen mountain trail	*192*
Restaurant zur Mühle	*194*
Wolken geben die Sicht frei auf Alphubel und Täschhorn / *Les nuages s'ouvrent sur l'Alphubel et le Täschhorn* / The clouds clear for a view of the Alphubel and Täschhorn	*202*
Ristorante da Rasso	*204*
Stillleben mit Steindächern und Feegletscher / *Nature morte avec des toits en pierre et le Feegletscher* / Still life with stone roofs and the Fee Glacier	*212*
Golfhotel Saaserhof	*214*
Skispuren im Skigebiet Mittelallalin / *Traces de skis dans le domaine de Mittelallalin* / Ski tracks in the Mittelallalin ski region	*222*
Restaurant zur Schäferstube	*224*
Eines der Votiv Wegkreuze, hier in der Wildi mit Blick auf den Alphubel / *Croix de chemin dans le Wildi avec vue sur l'Alphubel* / A votive wayside cross in the Wildi, with a view of the Alphubel	*232*
Schweizerhof Gourmet & SPA	*234*
Blick in die Tiefe der Feeschlucht / *Vue plongeante dans les profondeurs de la Gorge Alpine* / View into the depths of the Feeschlucht	*242*
Sport-Hotel	*244*
Wolkenspiele um Almageller- und Mittaghorn / *L'Almagellerhorn et le Mittaghorn aux prises avec les nuages* / Cloud formations around the Almagellerhorn and Mittaghorn	*252*
St. Jodern Kellerei Visperterminen	*254*
Bergsommer mit Fletschhorn und Laggin / *L'été en montagne avec le Fletschhorn et le Lagginhorn* / Summer in the mountains with the Fletschhorn and Laggin	*258*
Waldhüs Bodmen	*260*
Das prächtige Allalin im Winter / *L'imposant Allalin en hiver* / The magnificent Allalin in Winter	*268*
Hotel Allalin – Restaurant Walliserkanne	*270*
Die winterliche Mischabelgruppe / *Le massif des Mischabel en hiver* / Winter view of the Mischabel range	*278*
Hotel Walliser-Kanne Fiesch	*280*
ADRESSVERZEICHNIS / *LISTE D'ADRESSES* / *ADDRESS LIST*	*288*

Impressum / *Impressum* / *Imprint*

ISBN: 978-3-909532-47-6

Verlag, Konzept & Realisation /
Edition, concept & réalisation /
Layout, concept & realisation
Weber AG Verlag, CH-3645 Thun-Gwatt
www.weberag.ch/shop

Fotos / *Photographie* / *Photography*
Thomas Andenmatten, CH-3900 Brig

Übersetzung / *Traduction* / *Translation*
Französisch / *Français* / *French*:
Marlène Emery und Nadja Marusic, CH-8005 Zürich
Englisch / *Anglais* / *English*:
Jane Fairhurst Glaus, CH-3800 Interlaken

Korrektorat / *Révision* / *Proof-reading*
Heinz Zürcher, CH-3612 Steffisburg

Auflage / *Tirage* / *Circulation*
6000 Exemplare, © September 2008

Druckerei / *Imprimerie* / *Print office*
Ilg AG, CH-3752 Wimmis

Mein Saas-Fee: Geniessen mit allen Sinnen

Es war der Kauf eines abgelegenen Hotels, das Irma und Hans Jörg Dütsch nach Saas-Fee führte, nicht ahnend, dass dies unsere Wahlheimat sein werde: Dieses kleine Gletscherdorf mit seinen nicht ganz 900 Einwohnern.

Hier, an der Baumgrenze aus stämmigen Lärchen, Föhren und Tannen, hoch über der Nebelgrenze, erscheint die Flora bunt, satt und reich, durchzogen von duftenden Bergwiesen, die je höher man steigt, dem ewigen Schnee, den Gletschern mit seinen wunderbaren Formationen und glitzernden Firn weichen. Schneebedeckte Gipfel ragen zum stahlblauen Himmel. Halbrund um das stetig wachsende Dorf formiert, wiegeln die Berge die Perle der Alpen, wie Saas-Fee zärtlich genannt wird.

Das Ehepaar Dütsch mit den Kindern Sandra und Caroline lebte fortan mit dem beglückenden Blick des Staunens auf, dank den achtzehn Viertausendern, den zugefrorenen Gletscherseen, dem leuchtenden Alpenglühen und den zahlreichen Sternenbildern am tief dunklen Himmel. Die Harmonie der Schneegipfel kontrastiert durch schroffe und kantige Turmformationen aus härtestem Granitgestein. «Diese atemberaubende Zauberwelt schafft Szenerien, die so ereignislos wie spannend sind, zum Greifen nah, als wären sie ein Stück von mir», wie der Schriftsteller und Dramatiker Carl Zuckmayer 1938 beschrieb.

Seit den späten 70er-Jahren hat sich die Einwohnerzahl fast verdoppelt (knapp 1700 Einwohner). Das Dorf ist seit je her autofrei und man profitiert von guter Luftqualität, mehr Bewegungsfreiheit und Ruhe.

In rund 60 Hotels, 1500 Wohnungen und gut 100 Restaurants werden kulinarische Höhepunkte gepriesen. Von regionalen Walliser Gerichten bis zur vielfältigen Gourmetküche finden sich auf der Speisekarte währschafte Saaser Teller, Rösti, traditionelle Wild- und Walliser Spezialitäten in Form von Würsten, Raclette, Fondue, Gsottus oder Cholera sowie exklusive Eintopfgerichte, Suppen, oder gar Rotbarbe, Trüffel und Hummer mit den dazu passenden Edeltropfen und dem einzigartigen Gletscherbier. Eine erstaunliche gastronomische Entwicklung, wenn man bedenkt, dass 1923 erstmals elektrisches Licht im Gletscherdorf brannte, erst 1951 die Strasse bis zum Dorf hin erbaut war und 1954 die Inbetriebnahme der ersten Luftseilbahn erfolgte. Eine wandlungsfähige, allseits präsente internationale gastronomische Entwicklung, so mannigfaltig wie die unklare Wortbedeutung des zweiteiligen Ortnamens Saas-Fee.

Saas kann mit Stein, Weide wie auch Wohnung aber auch mit dem Stamm eines ligurischen Volkes in Verbindung gebracht werden. Fee lässt sich von den keltischen Fei oder Foe ableiten. Fei stellte eine weibliche Halbgöttin in Gewässern dar und Foe bedeutete Gletscher. Somit kann der Bogen zur zauberhaft göttlichen Gletscherbergwelt geschlagen werden. In den Dolomiten finden sich Ortsbezeichnungen mit Saas, Saaso, Sass für Erhebungen, die einst dem Vieh als Sommeralpe dienten und heute zu Familienhotels, Luxuskomplexen und rustikalen Restaurants erhoben wurden.

Im September 2006 vereinten sich die Hoteliers und Restaurateure zur ersten nostalgischen Genussmeile und präsentierten 40 bekannte und weniger bekannte Saasergerichte. Die zweite nostalgische Genussmeile verliess die ursprüngliche und traditionelle Küche und lehnte sich, zumindest von der Wortbedeutung Saas, an die italienische Herkunft an. Mit dem längsten Käse-Trüffel-Raviolo der Welt erlangten sie einen Eintrag im Guinness-Buch der Rekorde. Die nostalgische Genussmeile befindet sich auf dem besten Weg, Tradition zu werden, wie die Hotellerie in Saas-Fee. Auf keltisch heisst Fee auch diensttreu. Treu wie die Menschen, die Jahr für Jahr die sinnliche Anregung der Bergwelt suchen oder gar jahrein jahraus in inniger Verbundenheit mit der Natur dort verweilen. Die meisten Gastronomiebetriebe werden von den Besitzern persönlich geführt, welche sich hingebungsvoll das Verwöhnen ihrer Gäste als oberstes Ziel gesetzt haben, mit bestem Wissen und Gewissen. Saas-Fee zelebriert traditionell gelebte Gastfreundschaft und stellt diese auf den folgenden Seiten vor.

Geniessen Sie den Einblick in das einmalige Gourmetbuch «Saas-Fee for Gourmets» und lassen Sie sich inspirieren: zu Hause beim Nachkochen oder anlässlich Ihres nächsten Besuches im Gletscherdorf. Die Düfte der Natur und der hochstehenden Küchen werden Sie verführen und diese nie mehr vergessen lassen.

Gemeinsam verfasst von: Irma Dütsch und Sandra Dütsch

Préface

Saas-Fee, toi qui sais mettre tous les sens en émoi!

A l'achat d'un hôtel retiré à Saas-Fee, mon époux Hans Jörg Dütsch et moi-même ne nous doutions guère de trouver en ce petit village de 900 âmes au cœur des Alpes notre seconde patrie!

Ici, où s'arrête la forêt de mélèzes, de pins et de sapins, au-dessus de la mer de brouillard, la flore est bigarrée, riche et variée, verdoyante de prairies alpestres odorantes qui s'estompent au fur et à mesure que l'on s'approche des neiges éternelles, des glaciers et des sublimes formations montagneuses. Les sommets enneigés se profilent dans le ciel bleu roi. Tel un écrin, les montagnes alignées en demi-cercle veillent sur le village de Saas-Fee, plus poétiquement, la Perle des Alpes.

Les époux Dütsch et leurs filles, Sandra et Caroline, ont depuis lors vécu dans ce merveilleux décor ponctué de dix-huit 4000 mètres et de lacs glaciaires, soudain plongé dans un crépuscule flamboyant avant de s'éteindre sous un firmament scintillant de milliers d'étoiles. L'harmonie des blanches cimes contraste avec les formations de granit s'apparentant à des cathédrales gothiques. Pour citer l'auteur allemand Carl Zuckmayer: «A Saas-Fee, on arrive à la fin du monde et à son origine en même temps. Cet époustouflant paysage magique inspire sérénité et fascination à la fois, il s'est emparé de moi et moi de lui.»

Depuis la fin des années septante, la population a pour ainsi dire doublé, elle avoisine aujourd'hui 1700 habitants. Depuis toujours, le village est libre de circulation; il offre une qualité de l'air exceptionnelle, davantage de liberté de mouvement et un calme précieux.

Quelque 60 hôtels et plus de 100 restaurants célèbrent les plaisirs de la table. Des plats typiquement valaisans aux surprises gastronomiques, les cartes de Saas-Fee proposent assiettes bourgeoises, röstis, spécialités de chasse, raclette, fondue, gsottus (potée valaisanne avec bouilli) ou cholera (tourte aux pommes de terre, poireaux, pommes, oignons et fromage), ainsi que des plats exclusifs à base de rouget barbet ou de homard, voire relevés de truffes. Tous ces mets sont accompagnés de crus soigneusement sélectionnés ou de la fameuse bière des glaciers. Une évolution gastronomique surprenante, si l'on considère que l'électricité fit son apparition en 1923, qu'une route asphaltée desservant le village fut construite en 1951 et que le premier téléphérique fut mis en service en 1954 seulement. Une évolution souple, internationale et aussi mystérieuse que le nom du lieu «Saas-Fee».

Saas signifierait pierre, prairie ou encore appartement, et serait également le nom dérivant d'une population d'origine ligurienne. Fee provient du mot celte fei ou foe; fei voulant dire demi-déesse des eaux et foe, glacier. D'où le lien avec ce monde alpin glaciaire aux allures divines et merveilleuses. Dans les Dolomites, on trouve des noms de localités composés de Saas, Saaso ou Sass lorsqu'il s'agit de hauts plateaux où paissait autrefois le bétail en été et qui accueillent aujourd'hui des hôtels familiaux, des complexes de luxe et des restaurants rustiques.

En septembre 2006, hôteliers et restaurateurs se rassemblèrent, dans un élan nostalgique, pour donner naissance au «Parcours gastronomique». Ils y présentèrent 40 plats typiques de la vallée de Saas, certains plus connus que d'autres. La deuxième édition du «Parcours gastronomique» troqua sa note nostalgique contre une note transalpine en hommage à l'origine du mot Saas. Avec le plus long ravioli au fromage et à la truffe du monde, les initiateurs de la manifestation décrochèrent une place dans le livre des records. Le «Parcours gastronomique» est d'ores et déjà en passe de devenir une tradition au sens du mot Fee qui signifie également fidèle en celtique. Fidèles, comme les vacanciers qui, chaque année ou une année sur deux, reviennent à Saas-Fee pour vivre des moments de symbiose avec la nature. En ce lieu, ils apprécient également le fait que la plupart des établissements gastronomiques soient gérés par les propriétaires mêmes qui mettent un point d'honneur au bien-être de leur clientèle. Dans le présent ouvrage, Saas-Fee célèbre l'hospitalité traditionnelle et l'aborde sous un angle culinaire.

Vous apprécierez la lecture de ce livre pour gourmets et vous laisserez inspirer en reproduisant l'une ou l'autre création chez vous et, peut-être visiterez-vous l'un des établissements ici présentés lors de votre prochain séjour dans le village des glaciers. Les parfums de la nature et de la haute cuisine n'auront aucun mal à s'emparer de vous et vous d'eux.

Par Irma et Sandra Dütsch

Preface

My Saas-Fee: a pleasure for every sense

When they purchased a remote hotel in Saas Fee, Irma and Hansjörg Dütsch never suspected that this small glacier village of barely 900 people would turn out to be their permanent home.

The village sits high above the fog, at a tree line of sturdy larches, pine trees and firs. Here, the flora is colourful, lush and rich. The slopes are dotted with fragrant alpine meadows, which in turn give way to the eternal snow of the glaciers, with their wonderful formations and glittering ice. Snowy peaks rise up to a steel blue sky, partially encircling the ever-growing village, the «pearl of the Alps», as Saas-Fee is affectionately called.

The Dütsches, with their children Sandra and Caroline, were enchanted by the awe inspiring views of the eighteen four thousand metre peaks, the frozen glacial lakes, the alpenglow, the countless stars in the deep, dark sky, and the harmony of the snowy summits with the rough, angular tower formations of the hardest granite. This breathtaking and magical world creates scenes that are as unchanging as they are exhilarating. Close enough to touch «as if they were a piece of myself»- words written by the author and playwright Carl Zuckmayer in 1938.

Since the late 70's, the population of Saas-Fee has doubled to almost 1700 residents. The village has always been car free, and one benefits from the good air quality, the increased freedom of movement and the peace.

The village's culinary highlights can be appreciated in nearly 60 hotels, 1500 apartments and 100 restaurants. Menus range from regional dishes to the most diverse gourmet cuisine. Saas meat platters, rösti potatoes, traditional game and local Valais specialties such as sausages, raclette cheese, fondue, «gsottus» and «chollera» are featured alongside exclusive stews, soups, or even red mullet, truffles and lobster, with the matching wines and the unique glacier beer. This is an amazing gastronomic development, especially when one considers that the first electric light bulb in this glacier village was lit in 1923, that the first road to the village was built in 1951, and that the first cable car started its operation in 1954. This culinary development can be seen throughout the village. It is adaptable, international, and as varied as the meanings of the words Saas-Fee.

Saas can be translated to mean stone, pasture or dwelling. It is also associated with the name of a Ligurian tribe. Fee is derived from the Celtic Fei or Foe, with Fei being the name of a female water demigoddess, while Foe means glaciers, thus establishing the connection between the magical and the divine world of the glaciers. One finds places with the names Saas or Saaso throughout the Dolomites. These refer to the high expanses that used to serve as summer pastures for the cattle, and which today have become the locations of family hotels, luxury resorts and rustic restaurants.

In September 2006, the hoteliers and restauranteurs of Saas-Fee joined together to inaugurate the very first nostaligic Gourmet Mile, featuring 40 well-known and lesser-known Saas specialities. In the next year, the second gourmet mile departed from local, traditional cuisine. It referenced the word Saas and featured dishes of Italian origin, even making it into the Guinness Book of World Records with the longest cheese and truffle ravioli in the world. The Gourmet Mile is on its way to becoming as much of a tradition as the Saas-Fee hotel industry. In Celtic, Fee also means loyal. Loyal like the visitors who year after year seek the splendid stimulation of the mountain world or an intimate communion with nature. Most restaurants are run by their owners, and their priority it is to spoil the guests as best they can. This is celebrated in the following pages, which showcase traditional Saas-Fee hospitality.

Enjoy the specialities featured in this unique gourmet book about Saas-Fee and be inspired to try them either at home or during your next visit to the glacier village. May the scents of the countryside and the aromas of the superb cuisine enchant you and remain with you forever.

Written by: Irma Dütsch and Sandra Dütsch

Genussmeile
Parcours gastronomique
Gourmet Mile

Köstlichkeiten entlang der Genussmeile

Im Monat September, wenn die Lärchen golden leuchten, der Himmel stahlblau erstrahlt und die ersten Berggipfel mit Zucker bestäubt scheinen, widmen die Saaser dem Genuss einen Tag.

Der erste September-Sonntag ist es, an dem die Hoteliers und Restaurateure von Saas-Fee zur Genussmeile einladen: Der Hauptstrasse entlang quer durch das ganze Dorf werden internationale Köstlichkeiten aus Saaser Küchen präsentiert und zum Genuss angeboten. Verlockende Düfte ziehen die Gäste von Stand zu Stand, Traditionelles und Innovatives lässt das Wasser im Gaumen zusammenlaufen. Die Vielfalt an Häppchen mit besten Zutaten aus Meer, Wald, Weide und Gärten dieser Welt sorgt für Staunen.

Der Anlass wurde im Jahr 2006 erstmals durchgeführt und erfreut sich grosser Beliebtheit. Seither pilgern jährlich zahlreiche Besucher an die Genussmeile. Dort zeigen Restaurateure und Köche, verkleidet wie anno dazumal, ihr Können und verwöhnen die Geschmacksknospen der Gäste mit über dreissig verschiedenen Menüs und passenden Weinen. Dorfmusik, Tambouren und Pfeifer spielen auf und die Trachtenvereine sorgen für Unterhaltung.

Degustieren, lachen, tanzen und verweilen – alte und neue Gesichter treffen und Gespräche führen unter dem Himmel von Saas-Fee. Die Genussmeile zelebriert typische Gastfreundschaft in einmaligem Ambiente.

«Parcours gastronomique»

En septembre, lorsque les premiers sommets semblent saupoudrés de sucre, que les mélèzes s'habillent d'or et le ciel d'un bleu roi, les habitants de Saas-Fee rendent hommage aux plaisirs de la table le temps d'une journée.

Le premier dimanche de septembre, hôteliers et restaurateurs célèbrent le «Parcours gastronomique». Le long de la rue principale du village, des spécialités internationales sorties des cuisines locales sont présentées et servies aux visiteurs. Les effluves alléchants des mets traditionnels ou novateurs guident les fins palais d'un stand à l'autre. Un véritable feu d'artifice d'amuse-bouches aux étonnantes saveurs de la mer, des bois, des prairies ou du jardin.

En 2006 lors de sa première édition déjà, le «Parcours gastronomique» connut un vif succès qui se répéta un an plus tard, de bon augure pour les prochaines éditions. Vêtus comme dans le temps, restaurateurs et cuisiniers valorisent tout leur savoir-faire pour mettre en émoi les papilles gustatives des visiteurs avec plus de trente plats accompagnés de crus soigneusement sélectionnés. L'ambiance est à la fête avec musique champêtre, fifres et tambours, ainsi que danses et chants folkloriques.

Le «Parcours gastronomique» est un moment de bonne humeur et un lieu de rencontres qui célèbre l'hospitalité dans le décor unique du charmant village de Saas-Fee.

The Gourmet Mile

During the month of September, when the larches glow golden, the sky shines steel blue and the first mountain peaks appear dusted with sugar, the people of Saas dedicate one full day to special enjoyment.

The first Sunday in September is the day when the hoteliers and restaurateurs of Saas-Fee invite their guests to sample their cuisine. International and local specialities are displayed along the main promenade, which runs the whole length of the village, and the guests are welcome to move from stand to stand to sample the mouth-watering delicacies. There is an amazing variety of both traditional and innovative appetisers, all prepared using the best ingredients from around the world.

This event was held for the first time in 2006, and, since then, has become highly popular. Many guests return annually for the festivities. The chefs and restauranteurs don nostalgic dress to showcase their skills, and the guests can choose from more than thirty different menus with matching wines, whilst enjoying the entertainment that is provided by village musicians, drummers and pipers, and folk costume clubs.

The Gourmet Mile is a place to taste the food, to laugh, dance and linger, to meet old and new faces, and to converse under the Saas-Fee sky. It has created a unique ambience for the enjoyment of traditional hospitality.

Die Gastgeberfamilie Supersaxo, nun schon mit der 4. Generation. / La famille Supersaxo, la 4e génération de propriétaires déjà. / The Host Family Supersaxo, now in their 4th generation.

«Panorama Hotel Alphubel»

Für Gross und Klein

Herzliche Gastlichkeit in einem familienfreundlichen Ambiente, begleitet von feinen Spezialitäten aus der Küche. Speziell im Alphubel: Kinder schnuppern Küchenluft bei Kinder-Kochkursen mit ihrem Freund Gosulino.

Pour petits et grands

Un aimable accueil dans un cadre familial et des petits plats exquis soigneusement préparés. L'Alphubel réserve une surprise aux enfants invités à se mettre aux fourneaux durant les cours de cuisine dispensés par leur copain Gosulino.

For large and small

Cordial hospitality in a family-friendly atmosphere with delicious cuisine. Special in the Alphubel: Children have a first-hand opportunity to experience cooking during children's cookery classes taught by their friend Gosulino.

MOUSSE DE CHÈVRE FRAIS DE LA VALLÉE DE SAAS À LA SAUCE AU SAFRAN DE MUND
AVEC FIGUES ET SALADE PANACHÉE

INGRÉDIENTS

Mousse de chèvre frais

120 g	de fromage frais de chèvre, si possible de l'alpage d'Hannig à Saas-Fee
60 g	de mascarpone
60 g	de ricotta
15 g	de ciboulette
15 g	de persil
1 pincée	de sel et de poivre

Sauce au safran de Mund

20 g	de mayonnaise
20 g	de yogourt
	un peu de crème ou de lait
1–2 g	de safran de Mund
1 pincée	de sel et de poivre

Décoration

Selon les goûts	roquette, feuille de chêne, lollo rouge et quelques figues

Préparation
Mousse de chèvre frais

Mélanger le fromage frais à la double-crème et à la ricotta jusqu'à obtenir une crème lisse. Hacher menu le persil et ciseler la ciboulette, puis incorporer à la crème, saler et poivrer.

Sauce au safran de Mund

Mélanger tous les ingrédients, saler et poivrer.

Dresser sur une assiette garnir de figues fraîches et de sauce au safran de Mund, accompagner de la salade panachée.

Die Küchenbrigade v.l.n.r. / *La brigade de gauche à droite / From left to right, the kitchen team:* Franz-Josef Supersaxo, Gottfried Supersaxo mit Sohn / *et son fils / with his son* Louie, Pavo Erceg, Steven Schuster, Küchenchef / *chef / Chef*.

INGREDIENTS

Fresh goat's cheese mousse

120 g	fresh goat's cheese, from the Hannig Alp, Saas-Fee
60 g	mascarpone
60 g	ricotta
15 g	chives
15 g	parsley
1 pinch	salt and pepper

Munder saffron sauce

20 g	mayonnaise
20 g	yogurt
small amount	of cream or milk
1–2 g	Munder saffron
1 pinch	salt and pepper

Garnish

	arugula, oak leaf salad and lollo rosso according to taste
some	fresh figs

Preparation
Fresh goat's cheese mousse

Mix the goat's cheese with double cream and ricotta until smooth. Add the finely chopped parsley and chives. Season to taste with salt and pepper.

Munder saffron sauce

Mix all ingredients together and season to taste with salt and pepper.

Arrange the mousse with a bouquet of arugula, oak leaf lettuce and lollo rosso on a plate. Decorate with Munder saffron sauce and the fresh figs.

FRESH SAAS GOAT'S CHEESE MOUSSE
WITH SALAD BOUQUET, MUNDER SAFFRON SAUCE AND FIGS

SAASER ZIEGENFRISCHKÄSE-MOUSSE MIT SALATBOUQUET, MUNDER SAFRANSAUCE UND FEIGEN

ZUTATEN

Ziegenfrischkäse-Mousse
120 g	Ziegenfrischkäse, von der Hannig-Alp, Saas-Fee
60 g	Mascarpone
60 g	Ricotta
15 g	Schnittlauch
15 g	Petersilie
1 Prise	Salz und Pfeffer

Munder Safransauce
20 g	Mayonnaise
20 g	Joghurt
etwas	Rahm oder Milch
1–2 g	Munder Safran
1 Prise	Salz und Pfeffer

Dekoration
nach Belieben	Ruccola, Eichblattsalat und Lollo Rosso
einige	frische Feigen

Zubereitung
Ziegenfrischkäse-Mousse

Den Ziegenfrischkäse mit Mascarpone und Ricotta glattrühren. Petersilie fein hacken und Schnittlauch fein schneiden. Alles vermengen und abschmecken mit Salz und Pfeffer.

Munder Safransauce

Alle Zutaten miteinander vermengen und mit Salz und Pfeffer abschmecken.

Das Mousse mit einem Bouquet aus Ruccola, Eichblattsalat und Lollo Rosso auf einem Teller anrichten. Als Dekoration frische Feigen und Munder Safransauce.

WALLISER «POULET WELLINGTON» UND KARTOFFELPLÄTZCHEN

ZUTATEN

Walliser «Poulet Wellington»

750 g	Schweizer Bio-Pouletbrüste, ca. 5 Stück
300 g	Blätterteig
1	Zwiebel
100 g	Gemüse (Karotten gelb und orange, Sellerie)
200 g	Champignons
50 g	Walliser Trockenfleisch
1 EL	Butter
1 Prise	Salz und Pfeffer
2 EL	Petersilie, gehackt
1	Eigelb
wenig	Rahm
5 Scheiben	Walliser Rohschinken, dünn aufgeschnitten

Kartoffelplätzchen

500 g	Kartoffeln, mehlig
3	Eigelb
	Salz, Pfeffer, Muskat
wenig	Mehl
20 g	Butter
10 g	Majoran, klein geschnitten
nach Belieben	Gemüse

Zubereitung

Walliser «Poulet Wellington»

Zwiebel und Gemüse schälen, in feine Würfel (Brunoise) schneiden. Champignons und Trockenfleisch würfeln.

Zwiebel und Trockenfleisch in Butter anschwitzen, Pilze dazugeben, kochen lassen, bis die Flüssigkeit verdampft ist. Mit Salz und Pfeffer würzen, Petersilie unterziehen. Pouletbrüste wie ein Schmetterlingssteak längs aufschneiden und nebeneinander legen. Mit Hilfe eines Spachtels einrollen und mit Salz und Pfeffer würzen. Auf ein mit Backpapier belegtes Blech geben und bei 230 °C in den vorgeheizten Ofen schieben und fünf Minuten lang backen. Danach langsam abkühlen lassen.

Blätterteig zu einem Rechteck ausrollen, den Rohschinken auf unterem Teil des Blätterteiges nebeneinander legen. Die Pouletbrustrolle auf den Schinken setzen und mit dem Teig umhüllen. Den Rand mit der Gabel andrücken.

Den Teig einstechen und verzieren, das Eigelb mit wenig Rahm vermischen und «Poulet Wellington» bepinseln und für 10 Minuten in den auf 250 °C vorgeheizten Ofen schieben. Danach Hitze auf 180 °C reduzieren und 10 Minuten fertigbacken. Aufschneiden und kreativ anrichten.

Kartoffelplätzchen

Kartoffeln schälen und in Salzwasser kochen, abgiessen und auf ein Blech geben. Für 10 Minuten bei 150 °C in den Ofen geben. Durch die Kartoffelpresse drücken, Eigelb, Majoran und Gewürze dazugeben und gut vermengen. Arbeitsplatte bemehlen und die Masse in ca. 4 cm dicke Stränge ausrollen, auskühlen lassen.

Dann in 1,5 cm dicke Scheiben schneiden. In der Pfanne von beiden Seiten in Butter goldbraun braten, mit Majoran bestreuen. Gemüse wie gewohnt zubereiten.

«POULET WELLINGTON» À LA VALAISANNE
AVEC GALETTE DE POMMES DE TERRE

Préparation «Poulet Wellington» à la valaisanne

Peler l'oignon et les légumes, puis détailler en brunoise. Couper en dés les champignons et la viande séchée.

Faire suer l'oignon mélangée à la viande séchée dans le beurre, incorporer les champignons, laisser cuire jusqu'à évaporation complète du liquide. Saler et poivrer, ajouter le persil. Fendre les poitrines de poulet en papillon et les placer les unes à côté des autres. Les rouler, à l'aide d'une spatule cylindrique, saler et poivrer. Placer sur une plaque recouverte de papier parchemin et cuire au four préchauffé à 230 °C durant 5 minutes environ. Laisser refroidir doucement.

Abaisser la pâte feuilletée de sorte à former un carré. Recouvrir de jambon une moitié de la pâte. Placer le rouleau de poitrine de poulet sur le jambon et envelopper de pâte. Aplatir le bord au moyen d'une fourchette. Piquer la pâte et la décorer. Mélanger le jaune d'œuf à un peu de crème et badigeonner la pâte au moyen d'un pinceau. Mettre le poulet Wellington dans le four préchauffé à 250 °C durant 10 minutes, puis réduire la température à 180 °C pour les 10 dernières minutes de cuisson.

Découper et dresser selon l'envie du moment.

Galette de pommes de terre

Peler les pommes de terre et les cuire à l'eau salée. Egoutter et verser sur une plaque. Sécher au four à 150 °C durant 10 minutes.

Passer au presse-purée, puis incorporer les jaunes d'œufs, la marjolaine et les épices en mélangeant bien. Fariner le plan de travail. Avec la préparation, façonner un rouleau de 4 cm de diamètres et laisser refroidir. Couper des rondelles de 1,5 cm d'épaisseur et les faire dorer au beurre dans une poêle. Saupoudrer de marjolaine.

INGRÉDIENTS

«Poulet Wellington» à la valaisanne

750 g	de poitrine de poulet suisse bio (env. 5 pièces)
300 g	de pâte feuilletée
1	oignon
100 g	de légumes (carottes jaunes et oranges, céleri)
200 g	de champignons
50 g	de viande séchée du Valais
1 c.s.	de beurre
1 pincée	de sel et de poivre
2 c.s.	de persil haché
1	jaune d'œuf
	un peu de crème
5 fines tranches	de jambon cru du Valais

Galette de pommes de terre

500 g	de pommes de terre farineuses
3	jaunes d'œufs
	sel, poivre, muscade
	un peu de farine
20 g	de beurre
10 g	de marjolaine ciselée

VALAIS «CHICKEN WELLINGTON»
WITH POTATO CAKES

Preparation Valais «Chicken Wellington»

Peel the onion and the vegetables and chop into fine cubes. Cube the mushrooms and dried ham.

Lightly fry the dried ham and onion in butter, add the mushrooms and cook until the liquid evaporates. Season with salt, pepper and parsley. Butterfly the chicken breasts lengthwise and lay out side by side. Roll together with the help of a spatula and season with salt and pepper. Place on a baking sheet lined with parchment paper and bake in a 230 °C oven for five minutes. Allow to cool slowly.

Roll out the puff pastry into a rectangle. Place the ham pieces side by side on the lower part of the puff pastry. Lay the chicken breast roll over the ham and wrap in the pastry. Press together the edges with a fork. Prick and decorate the dough, brush with a mixture of egg yolks and a little cream and bake for 10 minutes in a 250 °C oven. Reduce the heat to 180 °C and bake for a further 10 minutes. Cut the «Chicken Wellington» into slices and creatively arrange on plates.

Potato cakes

Peel the potatoes and boil in salted water. Drain and lay out on a tray. Bake for 10 minutes in a 150 °C oven. Press the cooked potato through a potato ricer and mix thoroughly with the egg yolk, marjoram and spices. Dust the worktop with flour and form the mass into rolls of approximately 4 cm in thickness. Allow to cool and cut into 1,5 cm slices. Fry in butter on both sides until golden. Sprinkle with marjoram. Prepare the vegetables as usual.

INGREDIENTS

Valais «Chicken Wellington»

750 g	Swiss free range chicken breasts, approx. 5 breasts
300 g	puff pastry
1	onion
100 g	mixed vegetables (yellow and orange carrots, celery)
200 g	mushrooms
50 g	Valais air-dried meat
1 tbsp	butter
1 pinch	salt and pepper
2 tbsp	parsley, chopped
1	egg yolk
small amount	of cream
5 slices	Valais air-dried ham, thinly sliced

Potato cakes

500 g	potatoes, mealy
3	egg yolks
	salt, pepper, nutmeg
small amount	of flour
20 g	butter
10 g	marjoram, finely chopped

vegetables to taste

WALLISER WEIN-PARFAIT
MIT TRAUBEN IM REISBLATT

ZUTATEN

Wein-Parfait

150 g	getrocknete Amigne-Trauben oder Sultaninen
200 g	Zucker (zum Karamellisieren)
2	Eier
3	Eigelb
150 g	Zucker (zum Ei)
300 ml	Rahm
100 ml	Amigne Dessertwein von Adrian Mathier Salgesch

Vorbereitung
Eine Parfait-Form mit Folie auslegen und ca. 5–6 Stunden tiefkühlen.

Reisblatt

nach Belieben	Trauben
vier	Reisblätter

Zubereitung
Wein-Parfait

200 g Zucker karamellisieren, dann getrocknete Trauben dazugeben. Auf einem Blech abkühlen lassen, klein hacken.
Eier, Eigelb und 150 g Zucker im Wasserbad bei ca. 80–90 °C aufschlagen, bis die Masse bindet. Aus dem Wasserbad nehmen, kalt schlagen.
Sahne aufschlagen, mit Ei-Zucker-Gemisch vorsichtig unter die gehackten Trauben ziehen. In die gekühlte Parfait-Form anrichten.

Reisblatt
Reisblatt auf feuchtes Tuch geben, bis es biegbar ist. Dann auf eine Timbal-Form fixieren und bei 160 °C ausbacken. Vorsichtig von der Timbal entfernen, auskühlen lassen und mit Trauben garnieren.

PARFAIT VALAISAN AU VIN
ACCOMPAGNÉ DE RAISINS SUR FEUILLE DE RIZ

INGRÉDIENTS

Parfait au vin

150 g	de grains séchés d'amigne ou de sultanine
200 g	de sucre (pour le caramel)
2	œufs
3	jaunes d'œufs
150 g	de sucre
3 dl	de crème
1 dl	d'amigne douce d'Adrian Mathier à Salquenen

Mise en place
Foncer un moule à parfait d'un cellophane et placer au congélateur durant 5 à 6 heures.

Feuille de riz

quelques	raisins, selon les goûts
4	feuilles de riz

Préparation
Parfait au vin
Réduire 200 g de sucre en caramel et incorporer les raisins secs. Laisser refroidir sur une plaque et hacher menu.
Battre au bain-marie (env. 80 à 90 °C) les œufs, les jaunes d'œufs et le sucre jusqu'à épaississement. Retirer du bain-marie et battre à froid. Fouetter la crème, mélanger à la préparation à l'œuf et incorporer délicatement aux raisins caramélisés. Verser dans le moule à parfait.

Feuille de riz
Placer la feuille de riz sur un linge humide jusqu'à ramollissement. Foncer une timbale avec la feuille ramollie et placer au four à 160 °C. Retirer délicatement la feuille, laisser refroidir et décorer de raisins.

VALAIS WINE PARFAIT
WITH GRAPES IN RICE PAPER

INGREDIENTS

Wine parfait

150 g	dried Amigne grapes or sultanas
200 g	sugar (for caramelising)
2	eggs
3	egg yolks
150 g	sugar (for the eggs)
300 ml	cream
100 ml	Amigne dessert wine by Adrian Mathier of Salgesch

Preparation
Line a parfait mould with plastic wrap and freeze for approximately 5–6 hours.

Rice leaf

	grapes to taste
4 sheets	rice paper

Preparation
Wine Parfait
Caramelise 200 g of sugar. Add the dried grapes, cool on a tray and then finely chop.
Whisk together the eggs, egg yolks and 150 g of sugar over a water bath at about 80–90 °C until the mixture binds. Remove from the water bath and beat until cold. Whip the cream and carefully fold in the egg and sugar mix and the chopped grapes. Pour into the chilled parfait mould.

Rice leaf
Soften a sheet of rice paper on a damp cloth until pliable. Wrap the leaf around a timbale mould and bake in a 160 °C oven. Carefully remove from the mould, cool and garnish with grapes.

Marianne und Köbi Ruppen-Berchtold mit den Töchtern Sabrina und Vanessa. / *Marianne et Köbi Ruppen-Berchtold avec leurs filles Sabrina et Vanessa.* / *Marianne and Köbi Ruppen-Berchtold with their daughters Sabrina and Vanessa.*

«Restaurant Bärgji-Alp Grächen»

Kulinarische Höhepunkte, ungezwungenes Ambiente
Bereits seit über 70 Jahren sind Gäste in diesem Haus willkommen. Gastfreundschaft und kulinarische Genüsse gelten als Credo seit Jahren. Lebensfreude und Essenserlebnisse, beides vermittelt die Bärgji-Alp.

Haute cuisine dans une atmosphère décontractée
Voilà déjà plus de 70 ans que cet établissement choie ses hôtes avec un accueil bienveillant et des spécialités gourmandes. Le Bärgji-Alp met un point d'honneur à la joie de vivre et aux découvertes gastronomiques.

Culinary highlights, in a relaxed atmosphere
Guests have been welcome here for over 7 decades, while hospitality and culinary enjoyment have been the credo for years. The Bärgji Alp offers both gastronomic highlights and a sense of joie de vivre.

SOUPE AU FOIN DE GRÄCHEN

INGRÉDIENTS

1 l	de bouillon clair (légumes ou autres)
150 g	de brunoise (céleri, carotte, pfälzer)
1 sachet	de foin floral des montagnes
100 g	de lanières de bouilli du val d'Hérens
un peu	d'oseille sauvage

Préparation
Chauffer lentement le sachet de foin dans le bouillon en le pressant régulièrement ou en le lestant de votre pierre précieuse préférée (p. ex. silex). Ajouter la brunoise, porter à ébullition, puis laisser infuser 5 minutes. Chauffer une nouvelle fois, retirer du feu, assaisonner, écumer. Placer les lanières de bouilli dans des bols, les remplir de soupe et servir avec un peu d'oseille sauvage.

GRÄCHEN-STYLE HAY SOUP

INGREDIENTS

1 l	clear broth (vegetable or other)
150 g	finely diced vegetables (celery, orange and yellow carrots)
1 small bag	floral mountain hay
100 g	boiled Eringer beef strips
some	sorrel

Preparation
Slowly warm the small bag of mountain hay in the broth, taking care to keep the bag submerged (for example under a «firestone»: a clean, favourite precious rock). Add the finely diced vegetables. Bring the soup to a boil, and then leave to steep for 5 minutes. Reheat, season and skim off any foam. Place the boiled beef strips into bowls, pour in the soup and serve with the fresh sorrel.

Restaurant Bärgji-Alp
Grächen

GRÄCHENER HEUSUPPE

ZUTATEN

1 l	klare Kraftbrühe (Gemüse oder andere)
150 g	Gemüsebrunoise (Sellerie, Karotten, Pfälzer)
1	florales Bergheu-Säcklein
100 g	Eringer Siedfleischstreifen
etwas	Sauerklee

Zubereitung

Das Bergheu-Säcklein in der Brühe langsam erwärmen, immer wieder unterdrücken oder mit einem sauberen Lieblingsedelstein (Feuerstein) belastend miterwärmen. Die Gemüsebrunoise mit aufkochen, 5 Minuten stehen lassen. Nochmals kurz erwärmen, wegziehen, abschmecken, abschäumen und mit den in Schalen verteilten Siedfleischstreifen und frischem Sauerklee servieren.

Restaurant Bärgli-Alp Grächen

SPAGHETTI MIT FLUSSKREBSLI UND MUNDER SAFRAN

Irma Dütsch und / *et* / and Köbi Ruppen-Berchtold.

ZUTATEN

24	Walliser Flusskrebse
	Streifen von Gemüse (Lauch, Sellerie, Rüben, Pfälzer, Stangensellerie, Karotten, u.a.m.)
1 kg	Spaghetti (N° 5), al dente gekocht
50	Safranfäden, im Gemüsefond eingeweicht
	Speiseblümchen

Zubereitung

Gemüsestreifen in Salzwasser zum Biss kochen. Die Flusskrebse kurz abkochen. Vier schöne Krebse für die Garnitur an der Wärme lassen. Die anderen ausnehmen, Schwänzchen halbieren, Scheren auslösen und auch warm halten. 5 EL Gemüsefond mit Safran erwärmen, Gemüse und Spaghetti darin schwenken, in tiefem Teller anrichten und mit Krebsen, Safranfäden und Blümchen garnieren.

SPAGHETTI AUX ÉCREVISSES ET AU SAFRAN DE MUND

INGRÉDIENTS

24	écrevisses du Valais
	julienne (poireau, céleri, carottes, carottes blanches, pfälzer, céleri en branches, entre autres)
1 kg	de spaghettis (n° 5) al dente
50	stigmates de safran ramollis dans du bouillon de légumes
	fleurettes comestibles

Préparation

Cuire la julienne al dente à l'eau salée. Infuser brièvement les écrevisses. Réserver au chaud quatre belles écrevisses pour la décoration. Fendre la queue des autres écrevisses, leur ouvrir les pinces et les réserver également au chaud. Chauffer 5 c.s. de fond de légumes safrané, ajouter la julienne et les spaghettis. Servir dans une assiette creuse et décorer de safran et de fleurettes.

SPAGHETTI WITH CRAYFISH AND MUNDER SAFFRON

INGREDIENTS

24	Valais crayfish
	vegetable strips (leeks, celery, turnips, celery stalks, orange and yellow carrots, etc.)
1 kg	spaghetti (N° 5), cooked al dente
50	saffron threads, softened in vegetable broth
	edible flowers

Preparation

Boil the vegetables in salted water until al dente. Briefly cook the crayfish. Reserve 4 well-formed crayfish for the garnish and keep warm. Drain the remaining crayfish, halve the tails, remove the meat from the claws and keep warm. Coat the vegetables and spaghetti in 5 tbsp of the heated vegetable broth with saffron and place into deep plates. Serve with the crayfish, saffron threads and edible flowers.

GAUFRES GRAND-MAMAN

INGRÉDIENTS

250 g	de farine blanche
100 g	de sucre semoule
20 g	de poudre à lever
2,5 dl	de lait
3	jaunes d'œufs
125 g	de beurre fondu
½	citron, zeste râpé
1 pincée	de sel

Décoration

baies fraîches, glace au yogourt et coulis

Préparation

Mélanger tous les ingrédients, puis travailler au robot ménager. Couvrir et laisser reposer 2 heures à température ambiante. Chauffer le fer à gaufre. Servir les gaufres encore chaudes, décorer de baies fraîches et accompagner de glace au yogourt et de coulis.

GRANDMOTHER'S WAFFLES

INGREDIENTS

250 g	white flour
100 g	fine granulated sugar
20 g	baking powder
2,5 dl	milk
3	egg yolks
125 g	melted butter
½	lemon, grated zest
1 pinch	salt

Decoration

fresh berries, yogurt ice cream and fruit purée

Preparation

Combine the ingredients in a paddle mixer and mix well. Cover and leave to rest at room temperature for 2 hours. Use a waffle iron to make the waffles and serve while still warm. Garnish with fresh berries, drizzle with fruit purée and serve with yogurt ice cream.

Restaurant Bärgji-Alp
Grächen

GROSSMUTTERS WAFFELN

ZUTATEN

250 g	Weissmehl
100 g	Feinkristallzucker
20 g	Backpulver
2,5 dl	Milch
3	Eigelb
125 g	zerlassene Butter
½	Zitrone, abgeriebene Schale
1 Prise	Salz

Dekoration

frische Beeren, Joghurteis und Fruchtmark

Zubereitung

Alle Zutaten zusammen im Teigrührwerk gut vermischen. Abgedeckt 2 Stunden bei Zimmertemperatur ruhen lassen. Mit dem Waffeleisen die Waffeln backen und frisch warm verwenden. Mit frischen Beeren ausgarnieren, mit Fruchtmark beträufeln und mit etwas Joghurteis abrunden.

Küchenchef Toni Jurakic, vorne, mit seiner Küchenbrigade. /
Le chef Toni Jurakic, à l'avant, avec sa brigade. /
Chef Toni Jurakic, front, with his Kitchen Team.

Marie-Jeanne und / *et* / and Urs Zurbriggen-Roosen,
Gastgeber / *tenanciers* / Hosts.

«Romantik Hotel Beau-Site»

Ursprünglich und regional
Delikatessen aus der Küche, Spezialitäten aus dem Keller – mit viel Liebe serviert. Im rustikalen Fee Chäller kommen Freunde von Walliser Spezialitäten voll auf ihre Kosten. Das urige La Ferme verwöhnt mit saisonaler Küche und traditioneller Gemütlichkeit.

Traditionnel et régional
Au «Fee Chäller», un service prévenant, une cuisine de spécialités locales et une cave recelant de nombreux crus valaisans qui enchanteront les amateurs. L'agréable restaurant rustique «La Ferme» est apprécié pour sa carte variant au gré des saisons.

Authentic and regional
The delicious food and special wines are served with love. Friends of Valais cuisine will find everything they like in the rustic «Fee Chäller», while visitors to the old-fashioned «La Ferme» restaurant will be spoiled with seasonal dishes and traditional comfort.

ZIEGENKÄSE IM ROGGENBROTMANTEL AUF RANDENCARPACCIO

ZUTATEN

Randencarpaccio

500 g	frische Randen
6 Zweige	Thymian
2 Zweige	Rosmarin
4 EL	Olivenöl
	Salz
200 g	Ziegenkäse weich (z.B. Chaux, Ruffec)
50 g	Roggenbrotpaniermehl

Sauce

1 kleiner Bund	Petersilie (flach, italienisch, fein gehackt)
1 EL	Weissweinessig
1 EL	Balsamicoessig
6 EL	Olivenöl
	Salz und Pfeffer
1 kleiner Bund	Kerbel (fein gehackt für Garnitur)

Zubereitung

Randencarpaccio

Backofen oder Umluftofen auf 200 °C vorheizen. Die Randen gut waschen, aber nicht schälen, sonst läuft beim Backen der ganze Saft aus. Randen trocken tupfen und in eine Back- oder Gratinform geben. Thymian- und Rosmarinzweige klein schneiden und über die Randen verteilen. Die Randen mit Olivenöl beträufeln und leicht salzen. Im vorgeheizten Ofen je nach Grösse ca. 40–50 Minuten backen. Danach abkühlen lassen und die Randen von der Schale lösen. In möglichst dünne Scheiben schneiden und in Kreisform auf dem Teller anrichten.
Ziegenkäse zu einer Wurst rollen und in Roggenbrotpaniermehl wenden. In ca. 16 kleine Scheiben schneiden und in der Mitte des Tellers über die Randen geben.

Sauce

Essig und Olivenöl abschmecken und die frischen Kräuter daruntermischen. Mit einem kleinen Schwingbesen die Sauce gut verrühren und über das Carpaccio träufeln. Zum Schluss mit einem Kerbelzweig garnieren.

Tipp: Für den Randencarpaccio sind am besten die Randensorten mit auffällig rot-weissen Ringen im Fruchtfleisch geeignet (z.B. Bassano-Sorte).

FROMAGE DE CHÈVRE ENROBÉ DE PAIN DE SEIGLE SUR CARPACCIO DE BETTERAVE

INGRÉDIENTS

Carpaccio de betterave

500 g	de betteraves fraîches
6 branchettes	de thym
2 branchettes	de romarin
4 c.s.	d'huile d'olive
	sel
200 g	de fromage de chèvre à pâte molle (p. ex. Chaux, Ruffec)
50 g	de panure de pain de seigle

Sauce

1 petit bouquet	de persil plat (italien) finement haché
1 c.s.	de vinaigre de vin
1 c.s.	de vinaigre balsamique
6 c.s.	d'huile d'olive
	sel, poivre
1 petit bouquet	de cerfeuil finement haché pour la décoration

Préparation
Carpaccio de betterave

Préchauffer le four à 200 °C. Bien laver les betteraves, ne pas les peler afin d'éviter qu'elles ne dessèchent au four. Eponger les betteraves et les placer dans un moule à pâtisserie ou à gratin. Ciseler le thym et le romarin, puis répartir sur les betteraves. Arroser d'huile d'olive et saler légèrement. Cuire au four préchauffé durant 40 à 50 minutes. Laisser refroidir et retirer la peau des betteraves. Couper des tranches aussi fines que possible, puis dresser en rond sur une assiette. Façonner un cylindre avec le fromage de chèvre et le rouler dans la panure. Couper 16 petites rondelles et dresser au milieu de l'assiette sur la betterave.

Sauce

Assaisonner le vinaigre et l'huile d'olive, puis incorporer les herbes fraîches. Mélanger la sauce à l'aide d'un petit fouet et arroser le carpaccio. Décorer d'une branchette de cerfeuil.

Suggestion: les betteraves dont la chair présente des cercles rouges et blancs telle la betterave Bassano se prêtent le mieux à la préparation du carpaccio.

GOAT'S CHEESE IN A RYE BREAD CRUST WITH BEETROOT CARPACCIO

INGREDIENTS

Beetroot carpaccio

500 g	fresh beetroots
6 sprigs	thyme
2 sprigs	rosemary
4 tbsp	olive oil
	salt
200 g	soft goat's cheese (e.g. Chaux, Ruffec)
50 g	rye bread crumbs

Sauce

1 small bunch	parsley (Italian, finely chopped)
1 tbsp	white wine vinegar
1 tbsp	balsamic vinegar
6 tbsp	olive oil
	salt and pepper
1 small bunch	chervil (finely chopped for garnish)

Preparation
Beetroot carpaccio

Preheat a baking or convection oven to 200 °C. Thoroughly rinse the beetroots, but do not peel them, otherwise the juice will run during baking. Pat dry and place in a baking pan or gratin dish. Finely chop the thyme and rosemary and sprinkle over the beetroots. Drizzle with olive oil and season lightly with salt. Bake for approximately 40–50 minutes depending on size. Allow to cool, then carefully remove the skins. Slice the beetroots as thinly as possible and arrange them in a circle on the plate. Roll the goat's cheese into a sausage shape and coat with the rye bread crumbs. Cut into 16 small slices and place in the middle of the plate over the beetroots.

Sauce

Season the vinegar and olive oil and mix in the chopped parsley. Whisk the sauce well, using a small whisk, and drizzle over the carpaccio. Garnish with a sprig of chervil.

Tip: the most suitable beets to use are those with red and white rings throughout the flesh of the root (i.e. Bassano variety).

INGRÉDIENTS

Joues de veau

1,5 kg	de joues de veau
2 dl	d'huile d'olive
100 g	de sel marin
un peu	de poivre noir
1 bouquet	de persil plat (italien)
2	tomates grossièrement hachées
2	carottes grossièrement hachées
4	gousses d'ail pressées dans leur peau
1	fenouil grossièrement haché
1	oignon grossièrement haché
1	céleri en branches détaillé
1 c.s.	de concentré de tomates
1 feuille	de sauge
2 c.s.	de mélange d'herbes des Alpes
1 branchette	de romarin
1 branchette	de thym
2 feuilles	de laurier
2,5 dl	de vin rouge
2,5 dl	de fond de veau

Polenta aux tomates séchées

6 dl	de bouillon de légumes ou de lait, selon les goûts
50 g	d'oignon finement haché
10 g	d'ail finement haché
5 cl	d'huile d'olive
125 g	de semoule de maïs
1 c.s.	de sbrinz
50 g	de tomates séchées
	sel et poivre

Préparation
Joues de veau

Poivrer et saler généreusement au sel marin les joues de veau. Chauffer l'huile d'olive dans une poêle et bien rissoler la viande, puis la placer dans une cocotte. Faire revenir le persil, les tomates, les carottes, le fenouil, l'oignon et le céleri dans les sucs de cuisson de la viande. Ajouter le concentré de tomates, le romarin, la sauge, le mélange d'herbes des Alpes, les feuilles de laurier et le thym, déglacer avec une tombée de vin rouge, puis faire réduire. Répéter cette opération quatre fois, jusqu'à terminer le vin. Mouiller la viande avec le fond de veau. Préchauffer le four à 200 °C et faire braiser les joues de veau dans la cocotte sans couvercle durant environ 1,5 heure. Tourner la viande régulièrement et arroser avec un peu d'eau, environ 1 dl.

Sauce
Passer le jus de cuisson et affiner avec de l'huile d'olive.

Polenta aux tomates séchées
Dans une casserole, faire suer l'ail et l'oignon finement hachés dans l'huile d'olive et déglacer au bouillon. Porter le tout à ébullition. Verser la semoule de maïs dans la casserole tout en remuant. Réduire le feu et laisser frémir 5 minutes en brassant bien. Réduire encore le feu et laisser mijoter durant environ 1 heure sans remuer. Incorporer le fromage râpé et les tomates séchées à la fin.

Suggestion: servir la polenta dans un plat ou la mettre dans des petits moules, puis dresser sur une assiette. La polenta accompagne parfaitement les viandes braisées, les ragoûts, les goulaches ou autres viandes en sauce.

JOUES DE VEAU BRAISÉES
AUX HERBES ALPESTRES

BRAISED VEAL CHEEKS IN ALPINE HERBS

Preparation
Veal roast

Thoroughly rub the veal roast with salt and pepper. Sear the meat in olive oil, and place in a roasting pan. Lightly fry the parsley, tomatoes, carrots, garlic, fennel, onions and celery in the searing juices. Add the tomato paste, rosemary, sage, alpine herbs, bay leaves and thyme. Deglaze with a splash of red wine and reduce. Repeat this procedure four times until all red wine has been added. Pour the veal stock over the roast. Preheat the oven to 200 °C. Roast the meat without a lid for approx. 1,5 hours. Turn the meat often and baste repeatedly with approx. 1 dl water.

Gravy
Pass the cooking juices through a sieve and flavour with olive oil.

Cornmeal polenta with dried tomatoes
Fry the chopped garlic and onions until transparent. Deglaze with broth and bring to a boil. Stir in the cornmeal polenta and simmer over low heat for 5 minutes, stirring constantly. Leave to rest on the lowest heat for approx. 1 hour (do not stir). Mix in the grated cheese and the dried tomatoes before serving.

Tip: serve the polenta in a bowl or cut out in shapes on a plate. Polenta goes well with any meat dish served with gravy (i.e. roast, ragouts, goulash or stews).

INGREDIENTS

Veal roast

1,5 kg	veal roast
2 dl	olive oil
100 g	sea salt
small amount	of black pepper
1 bunch	parsley (Italian)
2	carrots and tomatoes, roughly chopped
4	whole garlic cloves, crushed
1	fennel and onion, coarsely chopped
1	celery stalk, chopped
1 tbsp	tomato paste
1 leaf	of sage
2 tbsp	alpine herb mixture
1 sprig	rosemary and thyme
2 leaves	of bay
2,5 dl	red wine
2,5 dl	veal stock

Cornmeal polenta with dried tomatoes

6 dl	vegetable broth or milk (according to taste)
50 g	onions, peeled and finely chopped
10 g	garlic, peeled and finely chopped
5 cl	olive oil
125 g	cornmeal polenta
1 tbsp	sbrinz cheese
50 g	dried tomatoes
	salt and pepper

GESCHMORTE KALBSBÄGGLI
IN ALPENKRÄUTERN

ZUTATEN

Kalbsbäggli

1,5 kg	Kalbsbäggli
2 dl	Olivenöl
100 g	Meersalz
wenig	Pfeffer, schwarz
1 Bund	Petersilie (flach, italienisch)
je 2	Tomaten und Rüebli, grob geschnitten
4	Knoblauchzehen, in der Schale zerdrückt
je 1	Fenchel und Zwiebel, grob geschnitten
1	Sellerie-Stange geschnitten
1 EL	Tomatenmark
1 Blatt	Salbei
2 EL	Alpenkräutermischung
je 1 Zweig	Rosmarin und Thymian
2	Lorbeerblätter
2,5 dl	Rotwein
2,5 dl	Kalbsfond

Polenta mit getrockneten Tomaten

6 dl	Gemüsebouillon oder Milch (nach Belieben)
50 g	Zwiebeln, geschält, fein gehackt
10 g	Knoblauch, geschält, fein gehackt
5 cl	Olivenöl
125 g	Maisgriess
1 EL	Sbrinzkäse
50 g	getrocknete Tomaten
	Salz und Pfeffer

Zubereitung
Kalbsbäggli

Kalbsbagge mit Meersalz und Pfeffer gut einmassieren. Fleisch in der Bratpfanne im Olivenöl gut anbraten, dann das Fleisch in den Bratentopf geben. Petersilie, Tomaten, Rüebli, Knoblauchzehen, Fenchel, Zwiebel und Sellerie im Bratsatz andünsten. Danach Tomatenmark, Rosmarin, Salbei, Alpenkräutermischung, Lorbeerblätter und Thymian dazugeben und mit einem Schuss Rotwein ablöschen und einkochen. Diesen Vorgang viermal wiederholen, bis der ganze Rotwein beigefügt wurde. Kalbsfond über das Fleisch im Brattopf giessen, auffüllen. Ofen auf 200 °C vorheizen und die Bäggli im Brattopf (ohne Deckel) ca. 1,5 Stunden schmoren lassen. Fleisch öfters umdrehen und etwas Wasser, ca. 1 dl, nachgiessen.

Sauce

Bratensaft durch ein Sieb streichen und mit Olivenöl verfeinern.

Polenta mit getrockneten Tomaten

Gehackten Knoblauch und Zwiebeln in Olivenöl glasig andünsten und mit Bouillon ablöschen. Das Ganze zum Sieden bringen. Maisgriess rührend beifügen und dann bei kleiner Hitze und ständigem Rühren 5 Minuten schwach sieden lassen. Bei schwächster Hitze etwa 1 Stunde ruhen lassen (nicht rühren). Reibkäse und getrocknete Tomaten zum Schluss daruntermischen.

Tipp: Polenta in einer Schale oder ausgestochen auf einem Teller servieren, passt am besten zu allen Fleischgerichten mit Sauce (z.B. Geschmortes, Ragouts, Gulasch oder Eintopf).

Romantik Hotel Beau-Site

ABRICOTINE-SCHOKOLADENKUCHEN
MIT EINGELEGTEN APRIKOSEN

ZUTATEN

Schokoladenkuchen

75 g	dunkle Schokolade
125 g	weiche Butter
60 g	Zucker
2 TL	Vanillezucker
2	Eier
4 cl	Abricotine
125 g	Mehl
1 TL	Backpulver
1 dl	Aprikosensirup

Eingelegte Aprikosen

6 cl	Abricotine
1	Zitrone, abgeriebene Schale und Saft
1	Orange, abgeriebene Schale und Saft
100 g	getrocknete Aprikosen, klein geschnitten und in Abricotine eingelegt

Glasur

100 g	Puderzucker
2 cl	Abricotine

Garnitur

Rahm, Früchte, Pfefferminzblatt, Zuckerfaden, nach Belieben

Zubereitung
Schokoladenkuchen

Den Backofen auf 160 °C vorheizen. Die Springform (ø 16 cm) mit Backpapier belegen. Die Schokolade fein reiben. Danach Butter, Zucker, Vanillezucker, Eier und 4 cl Abricotine zu einer luftigen Masse schlagen. Mehl und Backpulver in einer separaten Schüssel mischen und dann geriebene Schokolade und Aprikosensirup zur Buttercreme beifügen. Gut umrühren. Den Teig in Backform geben und glatt streichen. Den Kuchen ca. 20 Minuten backen, herausnehmen und auskühlen lassen.

Eingelegte Aprikosen

Getrocknete Aprikosen klein schneiden, in Abricotine einlegen. Saft und abgeriebene Schale von Zitrone und Orange zugeben, stehen lassen.

Glasur

Puderzucker und Abricotine gut mischen und als Glasur verwenden. Den Kuchen gut trocknen lassen und nach Belieben in Stücke schneiden oder Formen ausstechen. Auf einem Teller anrichten. Mit eingelegten Aprikosen umgeben und nach Wunsch ausgarnieren (Rahm, Früchte, Pfefferminzblatt, Zuckerfaden).

INGRÉDIENTS

Petit gâteau au chocolat

75 g	de chocolat noir
125 g	de beurre ramolli
60 g	de sucre
2 c.s.	de sucre vanillé
2	œufs
4 cl	d'abricotine
125 g	de farine
1 c.s.	de poudre à lever
1 dl	de sirop d'abricot

Abricots

6 cl	d'abricotine
1	citron, zeste râpé et jus
1	orange, zeste râpé et jus
100 g	d'abricots secs coupés menus

Glaçage

100 g	de sucre glace
2 cl	d'abricotine

Décoration

crème fouettée, fruits, feuilles de menthe, fils de sucre selon les goûts

PETIT GÂTEAU AU CHOCOLAT À L'ABRICOTINE
ET AUX ABRICOTS À L'EAU-DE-VIE

Préparation
Petit gâteau au chocolat

Préchauffer le four à 160 °C. Recouvrir un moule à manquer (ø 16 cm) d'un papier parchemin. Râper finement le chocolat. Battre le beurre, le sucre, le sucre vanillé, les œufs et l'abricotine jusqu'à obtention d'un appareil léger. Dans un autre récipient, mélanger la poudre à lever à la farine, puis incorporer à l'appareil tout comme le chocolat râpé et le sirop d'abricot. Bien mélanger. Verser la pâte dans le moule et lisser. Cuire environ 20 minutes au four. Laisser refroidir.

Abricots
Couper menu les abricots et les plonger dans l'abricotine. Ajouter le jus et le zeste râpé du citron et de l'orange, laisser reposer.

Glaçage
Mélanger le sucre glace et l'abricotine, puis verser ce glaçage sur le gâteau, bien laisser sécher. Selon les goûts, couper des parts ou façonner des formes à l'aide d'un emporte-pièce. Dresser sur une assiette. Décorer d'abricots et, à son gré, de crème, de fruits, de feuilles de menthe, de fils de sucre.

ABRICOTINE-CHOCOLATE-CAKE
WITH MARINATED APRICOTS

INGREDIENTS

Chocolate cake

75 g	dark chocolate
125 g	soft butter
60 g	sugar
2 tsp	vanilla sugar
2	eggs
4 cl	Abricotine
125 g	flour
1 tsp	baking powder
1 dl	apricot syrup

Marinated apricots

6 cl	Abricotine
1	lemon juice and grated zest
1	orange juice and grated zest
100 g	dried apricots, finely chopped and marinated in the Abricotine

Glaze

100 g	powder sugar
2 cl	Abricotine

Garnish

cream, fruit, peppermint leaf, sugar thread according to taste

Preparation
Chocolate cake

Preheat the oven to 160 °C. Line a spring form of 16 cm in diameter with parchment paper. Finely grate the chocolate. Beat the butter with the sugar, vanilla sugar, eggs and 4 cl Abricotine until fluffy. Add the grated chocolate and apricot syrup and mix well. In a separate bowl, combine the flour and baking powder. Stir the egg mixture into the dry ingredient to form a smooth batter. Pour the batter into the spring form and spread evenly. Bake for 20 minutes, remove from the oven and allow to cool.

Marinated apricots
Finely chop the apricots and marinate in the Abricotine. Add the juice and lemon and orange zests and leave to rest.

Glaze
Blend the powder sugar with the Abricotine and use to glaze the cake. Allow the glaze to dry, then cut the cake into shapes or slices. Arrange on a plate surrounded by the marinated apricots and garnish according to taste.

Annemarie und Beat Lehner, Geschäftsführer, mit Tochter Tamara. / *Annemarie et Beat Lehner, patrons, avec leur fille Tamara.* / *Annemarie and Beat Lehner, Managers, with daughter Tamara.*

«Cabane du Fromage»

Mehr als Käse
Eine grosse Auswahl an allerlei bekannten und weniger bekannten, aber auf jeden Fall beliebten Käsen. Einheimische Spezialitäten frisch aus der Theke – den Kochtipp für käsige Genussrezepte gibts auf Wunsch mit dazu.

Le fromage sous toutes ses formes
Un vaste choix de classiques et de raretés qui surprennent plus d'un palais. Nombre de spécialités locales attendent preneur sur le comptoir; et qui craque pour l'un ou l'autre fromage obtient en prime une idée d'apprêt.

More than just cheese
The Cabane du Fromage features a large and popular selection of both well-known and lesser-known cheeses. Local specialties are served fresh from the counter. Cooking tips and tasty cheese recipes are also available.

Cabane du Fromage

APFEL AN MUNDER SAFRAN MIT SCHABZIGER

ZUTATEN

4	Boskop (Apfel)
2 dl	Dessertwein
2 Briefchen	Safranpulver (oder 40 Fäden)
1 TL	Tannenhonig
etwas	Thymian, frisch, in Blättchen
1	Schabziger, fein geraffelt
200 g	Philadelphia (Rahmkäse)
4	Apfelscheiben, getrocknet
	Salz und Pfeffer

Zubereitung

Boskop schälen und das Kernhaus entfernen. Im Wein mit dem Safran, Honig und Thymian schön gelb kochen. Boskop herausnehmen, den Wein zur Hälfte einkochen. Ziger und Käse gut vermischen, würzen und auf die angerichteten Äpfel verteilen. Mit dem eingekochten Apfelwein arrosieren und mit den Apfelscheiben und frischem Thymian garnieren.

POMME AU SAFRAN DE MUND ET SCHABZIGER

INGRÉDIENTS

4	pommes boskop
2 dl	de vin de dessert
2 enveloppes	de safran en poudre ou 40 stigmates
1 c.c.	de miel de sapin
quelques	feuilles de thym frais
1	schabziger finement râpé
200 g	de fromage à la crème type Philadelphia
4	rondelles de pomme séchées sel et poivre

Préparation

Eplucher et évider les pommes. Les cuire dans le vin avec le safran, le miel et le thym jusqu'à coloration jaune. Retirer les pommes et faire réduire le vin de moitié. Bien mélanger le schabziger et le fromage à la crème, assaisonner et répartir sur les pommes préalablement dressées. Arroser le tout de la réduction et décorer de rondelles de pommes et de thym frais.

MUNDER SAFFRON APPLE WITH SAPSAGO

INGREDIENTS

4	Boskop apples
2 dl	dessert wine
2 packet	saffron powder (or 40 threads)
1 tsp	pine honey
several	fresh thyme leaves
1	sapsago, finely grated
200 g	Philadelphia cream cheese
4	apple slices, dried salt and pepper

Preparation

Peel and core the apples. Simmer with the wine, saffron, honey and thyme until nicely yellow. Remove the apples and boil the wine mixture until it reduces by half. Mix in the sapsago and cream cheese, season and distribute over the apples arranged on plates. Drizzle with the reduced apple-wine sauce and garnish with the dried apple slices and fresh thyme leaves.

INGRÉDIENTS

100 g	de gruyère
100 g	d'emmental
100 g	d'appenzeller
4	carottes blanches ou choux-raves
5	tomates de différentes variétés
1	poivron
	échalotes
	bouquet garni
	sel et poivre
	vinaigre de vin blanc
	huile d'olive

Préparation

Evider les carottes blanches ou les choux-raves. Les pocher à l'eau salée en veillant à ce qu'ils restent fermes, laisser refroidir. Couper le fromage en dés, saler, poivrer, puis assaisonner de vinaigre de vin blanc et d'huile d'olive. Farcir les carottes ou les choux-raves évidés de salade de fromage et décorer de tomates, de poivron et d'échalote. Arroser les tomates de sauce et, pour terminer, garnir d'herbes aromatiques.

SALADE DE FROMAGE AUX CAROTTES BLANCHES ET AUX TOMATES

CHEESE SALAD WITH WHITE TURNIP AND TOMATOES

INGREDIENTS

100 g	Gruyere cheese
100 g	Emmental cheese
100 g	Appenzell cheese (all three cut into cubes)
4	white turnips or kohlrabis
5	different tomatoes
1	bell pepper
	shallots
	herb sprigs
	salt and pepper
	white wine vinegar
	olive oil

Preparation

Make a small cavity inside the turnip or kohlrabi, lightly poach in salt water and cool. Mix the salt, pepper, white wine vinegar and olive oil into a dressing. Slice the cheese into cubes and coat with the dressing. Fill the turnip with the cheese salad and garnish with the tomatoes, pepper and shallots. Drizzle the tomatoes with the dressing and decorate with the herbs.

Cabane du Fromage

KÄSESALAT
MIT WEISSEN RÜBEN UND TOMATEN

ZUTATEN

100 g	Greyerzer
100 g	Emmentaler
100 g	Appenzeller (alle drei in Würfel schneiden)
4	weisse Rüben oder Kohlrabi
5	verschiedene Tomaten
1	Peperoni
	Schalotten
	Kräutersträusschen
	Salz und Pfeffer
	Weissweinessig
	Olivenöl

Zubereitung

In die weissen Rüben oder Kohlrabi eine kleine Vertiefung machen. Im Salzwasser mit Biss pochieren, abkühlen lassen. Den Käse in Würfel schneiden, mit Salz, Pfeffer, Weissweinessig und Olivenöl anmachen. Den Käsesalat in die Vertiefung der Rübe geben und mit den Tomaten, Peperoni und Schalotten anrichten. Tomaten mit etwas Sauce beträufeln und zum Schluss mit den Kräutern garnieren.

QUARKTATAR MIT
GETROCKNETEN APRIKOSEN

ZUTATEN

400 g	Quark
100 g	Aprikosen, getrocknet, in Würfeln
100 g	Kartoffeln, mit Safran gekocht
100 g	Blaue Kartoffeln, gekocht
100 g	Topinambur, gekocht

Garnitur

12	Hobelkäserollen
4	Radieschen
etwas	Bleichsellerie, mit Blättern
1	Schalotte, gehackt
etwas	Schnittlauch, gehackt

Sauce

etwas	Apfelweinessig
	Salz und Pfeffer
wenig	Rapsöl

Zubereitung

Quark mit den Aprikosen vermischen, aus der Masse einen Tropfen formen. Die Kartoffeln mit der Sauce anrichten, mit Hobelkäse, Radieschen, Sellerie, Zwiebeln und Schnittlauch garnieren.

Cabane du Fromage

TARTAR DE SÉRÉ
AUX ABRICOTS SECS

INGRÉDIENTS

400 g	de séré
100 g	d'abricots secs coupés en dés
100 g	de pommes de terre cuites au safran
100 g	de pommes de terre bleues cuites
100 g	de topinambour cuit

Décoration

12	copeaux de fromage
4	radis
un peu	de céleri en branches avec feuilles
1	échalote hachée
un peu	de ciboulette hachée

Sauce

un peu	de vinaigre de pomme
	sel et poivre
un peu	d'huile de colza

Préparation
Mélanger le séré et les abricots, puis former une boule avec la pâte ainsi obtenue. Garnir de pommes de terre assaisonnées à la vinaigrette, de copeaux, de radis, de céleri, d'échalote et de ciboulette.

QUARK TARTAR
WITH DRIED APRICOTS

INGREDIENTS

400 g	quark
100 g	apricots, dried, diced
100 g	potatoes, boiled with saffron
100 g	blue potatoes, boiled
100 g	topinambur, boiled

Garnish

12 rolls	shaved «hobel» cheese
4	radishes
some	blanched celery, with leaves
1	shallot, chopped
several	chives, chopped

Sauce

some	cider vinegar
	salt and pepper
small amount	of canola oil

Preparation
Mix the quark with the apricots and form the mixture into a drop. Drizzle the potatoes with the sauce and garnish with the cheese rolls, radishes, celery, shallot and chives.

Rainer Gottsponer (rechts), Gastgeber, und Allan Bumann, Küchenchef. / *Rainer Gottsponer (à droite), tenancier, et Allan Bumann, chef.* / *Rainer Gottsponer (right), Host, and Allan Bumann, Chef.*

«Steakhouse Chüestall»

Alles ausser gewöhnlich
Das Interieur erinnert an den Wilden Westen. Auf den Tellern landen Steaks aus aller Welt, Lammvariationen und Fisch. Bereits die Namen der Gerichte lassen vermuten, dass der Kreativität in dieser Küche kaum Grenzen gesetzt sind.

Tout sauf conventionnel
Dans un intérieur digne du Far West, des steaks des quatre coins du monde, des variations autour de l'agneau et du poisson mettent les hôtes en appétit. A eux seuls les noms des mets attestent que la créativité de la brigade est sans limites.

Anything but ordinary
The interior is reminiscent of the Wild West. The menu features steaks from all over the world, lamb served in countless ways and fish. Even the dishes have names that match the boundless creativity of the Chef.

GRILLIERTES ZANDERFILET
AUF CHAMPAGNERSAUERKRAUT

ZUTATEN

Zanderfilet
400 g — Zanderfilet, ohne Haut
Salz und Pfeffer
Worcestershire-Sauce
Öl
Mehl

Champagnersauerkraut
500 g — Sauerkraut, gekocht
1 dl — trockener Weisswein
2 dl — Rahm
Salz und Pfeffer
0,5 dl — Champagner
0,5 dl — Rahm, steif

Zubereitung
Zanderfilet

Zanderfilet in 4 Stücke à 100 g schneiden und gut abtrocknen. Mit Salz und Worcestershire-Sauce beide Seiten würzen. Mit Mehl bestäuben und gut abklopfen. Grillpfanne stark erhitzen und mit Öl einfetten. Fisch leicht einölen und in der Grillpfanne beidseitig ein Grillmuster machen. Fisch auf gebuttertes Blech legen und während 3–5 Minuten im Backofen bei 180 °C fertig garen. Auf Sauerkraut anrichten und garnieren.

Champagnersauerkraut

Sauerkraut mit Weisswein gut einreduzieren. Rahm dazu giessen und mit Salz und Pfeffer nachwürzen. Nochmals einkochen, bis alles sämig ist. Kurz vor dem Anrichten den Champagner und den geschlagenen Rahm dazugeben.

FILET DE SANDRE GRILLÉ
SUR CHOUCROUTE AU CHAMPAGNE

INGRÉDIENTS

Filet de sandre
400 g	de filet de sandre sans la peau
	sel et poivre
	sauce Worcestershire
	huile
	farine

Choucroute au champagne
500 g	de choucroute cuite
1 dl	de vin blanc sec
2 dl	de crème
	sel et poivre
0,5 dl	de champagne
0,5 dl	de crème fouettée ferme

Préparation
Filet de sandre
Découper le filet de sandre en 4 morceaux de 100 g chacun et bien éponger. Assaisonner les deux côtés de sel et de sauce Worcestershire. Fariner et tapoter pour enlever le surplus de farine. Bien faire chauffer la poêle à grillades, puis huiler. Enduire légèrement les filets d'huile et les griller des deux côtés jusqu'à ce qu'ils soient quadrillés. Placer ensuite le poisson sur une plaque beurrée et terminer la cuisson au four à 180 °C pendant 3 à 5 minutes. Déposer sur la choucroute et décorer.

Choucroute au champagne
Chauffer la choucroute additionnée de vin et bien faire réduire. Ajouter la crème, saler et poivrer. Porter une nouvelle fois à ébullition et laisser cuire jusqu'à consistance crémeuse. Juste avant de servir, ajouter le champagne et la crème fouettée.

GRILLED ZANDER FILLET
ON CHAMPAGNE SAUERKRAUT

Preparation
Zander fillet
Slice the zander fillet into 4 pieces and pat dry. Season on both sides with salt and Worcestershire sauce. Dust with flour, and then shake off the excess. Heat a pan until very hot and grease with oil. Drizzle the fish with a little oil and sear in the pan to show the grill pattern. Place the fish on a buttered baking sheet and bake in a 180 °C oven for 3–5 minutes until finished. Arrange over the sauerkraut and garnish.

Champagne sauerkraut
Boil the sauerkraut with the white wine until well-reduced. Pour in the cream and season with salt and pepper. Simmer until creamy. Add the champagne shortly before serving, and then stir in the whipped cream.

INGREDIENTS

Zander fillet
400 g	zander fillet, without skin
	salt and pepper
	Worcestershire sauce
	oil
	flour

Champagne sauerkraut
500 g	sauerkraut, boiled
1 dl	dry white wine
2 dl	cream
	salt and pepper
0,5 dl	champagne
0,5 dl	cream, whipped

MÉDAILLON DE VEAU FARCI AU BŒUF ET SAUCE À L'ESTRAGON

INGRÉDIENTS

Médaillon de veau

600 g	de cœur de filet de veau
300 g	de pointe de filet de bœuf (de même longueur que le filet de bœuf)
30 g	de mélange d'épices pour viande
	huile

Sauce à l'estragon

30 g	d'échalote
10 g	de beurre
30 g	de vin blanc
10 g	de feuilles d'estragon fraîches
3,5 dl	de sauce à rôti
0,5 dl	de crème entière

en accompagnement, à choix, légumes de saison et pommes de terre nouvelles préparés comme de coutume

Préparation
Médaillon de veau

A l'aide d'un couteau long et fin, entailler le filet de veau dans la longueur. Découper délicatement le cœur de la viande d'un diamètre d'environ 2 cm. Découper ensuite le bœuf de la même longueur que le filet de veau, d'une épaisseur de 3 cm. Avec une ficelle alimentaire, attacher l'extrémité du morceau de bœuf, puis le faire glisser délicatement dans le filet de veau en tirant sur la ficelle.
Serrer la roulade, assaisonner, puis la saisir de tous les côtés dans l'huile pour refermer les pores. Poursuivre la cuisson au four ventilé à 200 °C pendant environ 14 minutes. Sortir ensuite la viande, l'emballer dans une feuille d'aluminium et laisser reposer 10 minutes sur une plaque chaude.

Sauce à l'estragon

Chauffer la poêle avant d'y faire revenir l'échalote finement hachée au beurre. Déglacer au vin blanc. Ajouter les feuilles d'estragon grossièrement hachées et faire réduire. Mouiller avec la sauce à rôti. Avant de servir, affiner avec de la crème et porter encore une fois à ébullition.

Préparation

Sur les assiettes préalablement chauffées, verser la sauce en miroir y déposer les tranches de viande et garnir de légumes de saison et de pommes de terre nouvelles sautées.

VEAL MEDALLION STUFFED WITH BEEF IN TARRAGON SAUCE

Preparation
Veal medallion

Pierce the veal filet lengthwise with a thin, sharp knife. Using quick movements, cut out the core of the filet in a strip of 2 cm in diameter. Trim the beef to a 3 cm thick roll of the same length as the hollowed-out veal filet. Tie grill string to one end of the beef and then carefully pull the beef through the veal filet, pressing well.
Season the stuffed meat roulade and sear on all sides in hot oil to seal the pores. Bake in a 200 °C convection oven for approximately 14 minutes. Remove the meat from the oven, wrap in aluminium foil and leave to rest on a warm baking sheet for 10 minutes.

Tarragon sauce

Heat the pan, melt the butter and sauté the finely chopped shallot. Deglaze with white wine. Add the roughly chopped tarragon leaves, reduce, and then pour in the gravy. Boil up the sauce just before serving and refine with the cream.

Preparation

Pour a mirror of sauce onto each warmed plate, cover with slices of the meat roulade and garnish with seasonal vegetables and roasted new potatoes.

INGREDIENTS

Veal medallion

600 g	veal filet, centre cut
300 g	beef tenderloin tip (of equal length as the veal filet)
30 g	meat seasoning
	oil

Tarragon sauce

30 g	shallots
10 g	butter
30 g	white wine
10 g	fresh tarragon leaves
3,5 dl	gravy
0,5 dl	cream

seasonal vegetables and new potatoes, prepared according to taste

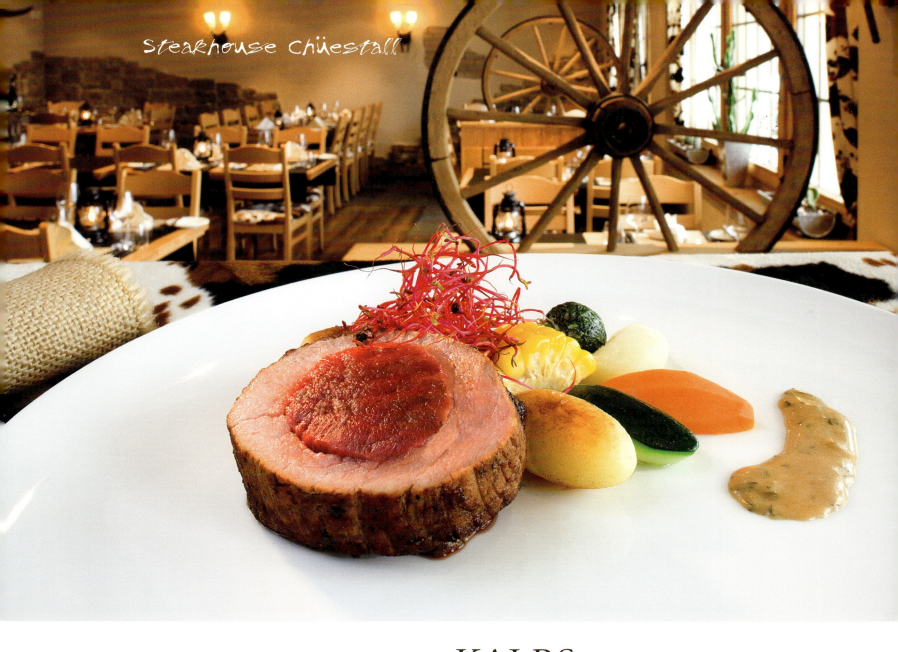

Steakhouse Chüestall

MIT RIND GEFÜLLTES KALBSMEDAILLON AN EINER ESTRAGONSAUCE

ZUTATEN

Kalbsmedaillon

600 g	Kalbsfiletmittelstück
300 g	Rindsfiletspitz (gleich lang wie Kalbsfilet)
30 g	Fleischgewürzmischung
	Öl

Estragonsauce

30 g	Schalotten
10 g	Butter
30 g	Weisswein
10 g	frische Estragonblätter
3,5 dl	Bratensauce
0,5 dl	Vollrahm
nach Belieben	Saisongemüse und neue Bratkartoffeln, wie gewohnt zubereitet

Zubereitung
Kalbsmedaillon

Mit einem langen, dünnen, scharfen Messer das Kalbsfilet der Länge nach durchstechen. Mit kurzen Bewegungen den Kern des Fleisches mit einem Durchmesser von 2 cm herausschneiden. Das Rindfleisch gleich lang wie das ausgehöhlte Kalbsfilet zuschneiden und zu einer 3 cm dicken Rolle zuschneiden. An einem Ende der Rindsrolle eine Grillschnur umbinden und mit der Schnur voran vorsichtig durch das Kalbsfilet durchziehen und drücken.
Die gefüllte Fleischroulade würzen und in der Bratpfanne auf allen Seiten im heissen Öl die Poren schliessen. Im Backofen bei 200 °C Umluft während ca. 14 Minuten garen. Fleisch herausnehmen, in Alufolie einwickeln und 10 Minuten auf einem warmen Blech ziehen lassen.

Estragonsauce

Pfanne erhitzen, Butter und fein geschnittene Schalotten anziehen. Mit Weisswein ablöschen. Grob gehackte Estragonblätter dazugeben und einreduzieren. Mit Bratensauce aufgiessen. Vor dem Servieren mit Rahm verfeinern und nochmals aufkochen.

Anrichten

Auf den vorgewärmten Teller einen Saucenspiegel geben, tranchierte Fleischroulade drauflegen und mit Saisongemüse und neuen Bratkartoffeln garnieren.

Steakhouse Chüestall

BAILEYS
PARFAIT GLACÉ

ZUTATEN

1	Eigelb
40 g	Zucker
2 Msp.	Incarompulver
35 g	Baileys
½	Eiweiss
150 g	Rahm

Zubereitung

Eigelb, Zucker und Incarompulver in einer Schüssel vermischen. Auf Wasserbad warm aufschlagen. Baileys dazugeben. Danach Masse auf Eis weiterschlagen, bis sie gut durchkühlt ist. Eiweiss zu Schnee schlagen. Den geschlagenen Rahm und den Eischnee unter die kühle Masse heben. In Formen abfüllen und mindestens 12 Stunden tiefkühlen. Stürzen und nach Belieben garnieren.

PARFAIT
GLACÉ AU BAILEYS

INGRÉDIENTS

1	jaune d'œuf
40 g	de sucre
2 pointes	de poudre Incarom
35 g	de Baileys
½	blanc d'œuf
150 g	de crème fouettée

Préparation

Mélanger le jaune d'œuf, le sucre et la poudre Incarom dans un récipient. Battre à chaud au bain-marie. Ajouter le Baileys, puis continuer à fouetter l'appareil sur de la glace jusqu'à refroidissement. Monter le blanc en neige. Incorporer le blanc en neige et la crème fouettée à l'appareil refroidi. Verser dans des moules et placer au congélateur pendant au moins 12 heures. Avant de servir, démouler et garnir selon les goûts.

BAILEYS
ICED PARFAIT

INGREDIENTS

1	egg yolk
40 g	sugar
2 small pinch	Incarom powder
35 g	Baileys
½	egg white
150 g	cream

Preparation

Combine the egg yolk, sugar and Incarom powder in a mixing bowl. Beat over a water bath until warm. Add the Baileys, and then beat the mixture over ice until well cooled. Whip the egg whites into stiff peaks. Fold the whipped cream and beaten egg whites into the cooled Baileys mixture. Spoon into moulds and freeze for at least 12 hours. Remove from the moulds and garnish as desired.

Andrea und Ina Barbiero mit den Söhnen Gabriele und Angelo, Gastgeberfamilie. / *Andrea et Ina Barbiero avec leurs fils Gabriele et Angelo, famille propriétaire.* / *Andrea and Ina Barbiero with their sons Gabriele and Angelo, Host Family.*

«Ristorante Pizzeria Don Ciccio»

Ein Hauch Italianità im Bergdorf
Pizza, Pasta, Ossobuco und andere italienische Spezialitäten wecken südliche Gelüste. Mit italienischen Canzoni im Hintergrund kommen Sommergefühle auf – auch im hochgelegenen Saas-Fee.

Un petit coin d'Italie à la montagne
Pizza, pâtes, osso buco et autres spécialités italiennes évoquent le Sud. Les chansons italiennes en sourdine rappellent les vacances d'été, même sur les hauteurs de Saas-Fee.

A piece of Italy in the mountains
Pizza, pasta, ossobuco and other Italian specialities awaken a longing for the south. The Italian canzoni in the background keep the summer feeling alive – even in as high up as Saas-Fee.

Ristorante Pizzeria Don Ciccio

PIZZA D.O.C.

ZUTATEN

Pizzateig
250 g	Weizenmehl Nr. 0
15 g	Frischhefe
150 ml	lauwarmes Wasser
50 ml	Olivenöl
5 g	Salz
1 TL	Zucker

Belag
250 g	Tomatensauce
600 g	Büffelmozzarella
4	grosse Tomaten (San Marzano oder Ramati)
50 g	Basilikum, frisch
	Salz

Zubereitung

Pizzateig

In einer kleinen Schale die Frischhefe mit 1/3 des Wassers zerbröckeln. Im restlichen Wasser werden Salz und Zucker gelöst. Das Mehl in eine Küchenmaschine sieben und nach und nach alle Zutaten beigeben, am Ende das Olivenöl. Nach 10–15 Minuten langsamen Knetens in der Maschine den Teig herausnehmen und zu einer grossen Kugel formen. Mit einem feuchten Küchentuch abdecken und 2 Stunden gehen lassen.

Pizza

Pizzateig ausgewallt auf ein Pizzablech geben, Tomatensauce verteilen, die in Scheiben geschnittenen Tomaten und den in kleine Stücke zerteilten Büffelmozzarella auf der Pizza verteilen. Den Ofen auf 200 °C vorheizen und die Pizza ca. 7 Minuten backen. Basilikum vor dem Servieren frisch schneiden und über die fertige Pizza verteilen.

PIZZA D.O.C.

INGRÉDIENTS

Pâte à pizza

250 g	de farine de blé n° 0
15 g	de levure fraîche
150 ml	d'eau tiède
50 ml	d'huile d'olive
5 g	de sel
1 c.c.	de sucre

Garniture

250 g	de sauce tomate
600 g	de mozzarella de bufflonne
4	grandes tomates (San Marzano ou en grappes)
50 g	de basilic frais
	sel

Préparation
Pâte à pizza

Effriter la levure dans un petit bol contenant 50 ml d'eau. Dans le reste d'eau, diluer le sel et le sucre. Tamiser la farine dans un robot ménager, puis ajouter peu à peu tous les ingrédients, l'huile d'olive à la fin. Après 10 à 15 minutes de lent pétrissage dans le robot, sortir la pâte et former une grande boule. Recouvrir d'un linge de cuisine humide et laisser lever pendant 2 heures.

Pizza

Abaisser la pâte sur une plaque, l'enduire de sauce tomate, déposer les rondelles de tomates, puis parsemer de dés de mozzarella de bufflonne. Préchauffer le four à 200 °C et faire cuire la pizza pendant environ 7 minutes. Ciseler les feuilles de basilic frais et les répartir sur la pizza juste avant de servir.

PIZZA D.O.C.

INGREDIENTS

Pizza dough

250 g	wheat flour No. 0
15 g	fresh yeast
150 ml	lukewarm water
50 ml	olive oil
5 g	salt
1 tsp	sugar

Topping

250 g	tomato sauce
600 g	buffalo mozzarella
4	large tomatoes (San Marzano or Ramati)
50 g	basil, fresh
	salt

Preparation
Pizza dough

Crumble the fresh yeast into a small bowl with ⅓ of the water. Dissolve the salt and sugar in the remaining water. Sieve the flour into the food processor and gradually add all the ingredients, finishing with the olive oil. Slowly knead for 10–15 minutes in the machine. Remove the dough from the mixer and form into a large ball. Cover with a damp cloth and leave to rise for 2 hours.

Pizza

Roll out the pizza dough and place onto a pizza sheet. Cover with tomato sauce, the sliced tomatoes and the chopped buffalo mozzarella. Preheat the oven to 200 °C and bake the pizza for approximately 7 minutes. Finely chop the basil and sprinkle over the pizza just before serving.

INGRÉDIENTS OSSO BUCO
ET RISOTTO AU SAFRAN

4	jarrets de veau de 350 g
un peu	de farine
2	oignons hachés
50 g	de beurre
1	gousse d'ail
1 bouquet	de persil plat
2	filets d'anchois
½	citron, zeste
5 dl	de vin blanc
2 dl	de bouillon de viande
3	tomates
	sel et poivre

Préparation

Faire revenir les oignons hachés au beurre dans une grande poêle. Ajouter les jarrets préalablement farinés et les saisir jusqu'à ce qu'ils soient dorés. Hacher ensuite l'ail, le persil, les anchois et le zeste de citron, puis ajouter le tout à la viande. Déglacer au vin blanc et au bouillon, saler et poivrer.
Couper les tomates en morceaux, les ajouter et braiser le tout pendant environ 40 minutes au four à 180 °C. Accompagner les jarrets de veau d'un risotto au safran.

INGREDIENTS OSSOBUCO
WITH SAFFRON RISOTTO

4	veal shanks of 350 g each
some	flour
2	onions, chopped
50 g	butter
1	garlic clove
1 bunch	flat leaf parsley
2	anchovy fillets
½	lemon, zest only
5 dl	white wine
2 dl	meat broth
3	tomatoes
	salt and pepper

Preparation

Sauté the chopped onion in butter in a large frying pan. Roll the veal shanks in flour and fry in the pan until golden brown. Add the finely chopped garlic, parsley, anchovies and lemon zest. Deglaze with the white wine and broth, and then season with salt and pepper. Add the chopped tomatoes, and then braise at 180 °C for approximately 40 minutes in the oven. Serve the veal shanks with saffron risotto.

OSSOBUCO
MIT SAFRANRISOTTO

ZUTATEN

4	Kalbshaxen à 350 g
etwas	Mehl
2	Zwiebeln, gehackt
50 g	Butter
1	Knoblauchzehe
1 Bund	Petersilie, glatt
2	Sardellenfilets
½	Zitrone, Zeste
5 dl	Weisswein
2 dl	Fleischbouillon
3	Tomaten
	Salz und Pfeffer

Zubereitung

Gehackte Zwiebeln in einer grossen Bratpfanne in Butter anschwitzen. Die zuvor in Mehl gewälzten Kalbshaxen dazugeben und goldbraun anbraten. Danach Knoblauch, Petersilie, Sardellen und die Zeste einer ½ Zitrone hacken und beigeben. Mit Weisswein und Bouillon ablöschen, sowie mit Salz und Pfeffer abschmecken.
Tomaten in Stücke schneiden, darüber geben und alles bei 180 °C für ca. 40 Minuten schmoren lassen. Serviert wird die Kalbshaxe mit einem Safranrisotto.

TIRAMISU

Préparation

Séparer les jaunes d'œufs des blancs. Battre les jaunes avec le sucre jusqu'à obtention d'une crème claire. Ajouter le mascarpone et battre une nouvelle fois délicatement. Monter les blancs en neige ferme séparément, puis incorporer à l'appareil. Mélanger l'expresso et l'amaretto, y tremper les biscuits et former des couches dans un plat en verre en alternant avec la crème. Réserver assez de crème pour la dernière couche. Recouvrir de cellophane et placer au réfrigérateur pendant 9 heures. Juste avant de servir, saupoudrer le tiramisu de chocolat amer en poudre.

INGRÉDIENTS

200 g	de biscuits cuillère
4	œufs
250 g	de mascarpone
60 g	de sucre
2 cl	d'amaretto
4	expressos
	chocolat amer en poudre

TIRAMISU

ZUTATEN

200 g	Savoiardi (Löffelbisquits)
4	Eier
250 g	Mascarpone
60 g	Zucker
2 cl	Amaretto
4	Espresso
	Bitterschokoladenpulver

Zubereitung

Eigelb vom Eiweiss trennen. Eigelb mit dem Zucker in der Maschine schlagen, bis eine helle Creme entsteht. Mascarpone unterziehen und erneut langsam schlagen. Das Eiweiss separat steif schlagen und dazugeben. Die Savoiardi nun in der Mischung aus Espresso und Amaretto tränken und schichtweise abwechselnd mit der Creme in eine flache Glasschale füllen. Am Ende wird die restliche Creme oben verteilt. Mit Frischhaltefolie abdecken und für 9 Stunden in den Kühlschrank stellen. Vor dem Servieren das Tiramisu mit etwas Bitterschokoladenpulver bestreuen.

TIRAMISU

Preparation

Separate the egg yolks from the egg whites, and then beat the egg yolks with the sugar into a light cream. Fold in the mascarpone and gently beat again. Whip the egg whites until stiff and add to the yolk mixture. Soak the Savoyard biscuits in a combination of espresso and amaretto. Layer the biscuits alternately with the mascarpone cream in a flat glass dish. Spread the remaining cream over the top, cover with plastic wrap and refrigerate for 9 hours. Sprinkle the tiramisu with dark chocolate powder just before serving.

INGREDIENTS

200 g	Savoyard biscuits (Ladyfingers)
4	eggs
250 g	mascarpone
60 g	sugar
2 cl	amaretto
4	espressos
	dark chocolate powder

Drehrestaurant & Eisgrotte

«Drehrestaurant & Eisgrotte»

Rundumsicht auf 3500 m ü.M.
Das höchste Drehrestaurant der Welt mit 360° Alpenpanorama. Geniessen, während die Mischabelkette, Eiger, Mönch, Jungfrau und andere berühmte Gipfel vorüberziehen und sich der Blick auf die italienische Poebene öffnet.

Shefki Useini-Sheki, Geschäftsführer / *directeur* / General Manager.

Sublime panorama à 3500 mètres d'altitude
Le plus haut restaurant tournant du monde offre une vue panoramique de 360° sur les Alpes. Se délecter en regardant défiler sous ses yeux le massif des Mischabel, le trio Eiger, Mönch Jungfrau, et la plaine du Pô.

Panoramic vistas at 3500 m above sea level
The highest revolving restaurant in the world offers a 360° panorama of the Alps. Enjoy the spectacle as the Mischabel range, Eiger, Mönch, Jungfrau and many other famous peaks give way to views of the Italian Po Valley.

ÄLPLER-MACCARONI

ZUTATEN

500 g	Maccaroni (Barilla), al dente gekocht
1	grosse weisse Zwiebel, gehackt
30 g	Butter
100 g	Schinkenwürfel, gekocht
100 g	Kartoffelwürfel, gekocht
1	Apfel, in Würfeln
1 dl	Teigwarenfond (zurückbehalten)
2 dl	Rahm
	Salz und weisser Pfeffer
nach Belieben	Raclettekäse, kleine Würfel

Zubereitung

Die Teigwaren wie gewohnt kochen. 1 dl Fond zurückbehalten. Mit der Hälfte der Butter und den Zwiebeln eine schöne, braune Zwiebelschwitze zubereiten, warmstellen.
In einer Bratpfanne mit der übrigen Butter den Schinken, die Kartoffeln und den Apfel sautieren. Die heissen Maccaroni mit dem Fond zugeben. Kurz mitsautieren, abschmecken. Mit dem Rahm binden, heiss werden lassen, für Liebhaber die Käsewürfel darunter ziehen und in eine Gratinplatte geben. Die Zwiebelschwitze darübergeben und heiss servieren.

MACARONI D'ALPAGE

INGRÉDIENTS

500 g	de macaronis (Barilla) al dente
1	grand oignon blanc haché
30 g	de beurre
100 g	de jambon cuit en dés
100 g	de pommes de terre cuites en dés
1	pomme en dés
1 dl	d'eau de cuisson des pâtes
2 dl	de crème
	sel et poivre blanc
	fromage à raclette en dés, selon les goûts

Préparation

*Cuire les pâtes comme de coutume. Réserver 1 dl d'eau de cuisson. Chauffer la moitié du beurre dans une casserole, ajouter l'oignon et le faire brunir. Réserver au chaud.
Dans une poêle, sauter le jambon, les pommes de terre et la pomme dans le reste du beurre. Ajouter les macaronis chauds ainsi que l'eau de cuisson réservée. Sauter le tout brièvement et assaisonner. Lier avec la crème et chauffer. Selon les goûts, verser la préparation dans un plat à gratin et mélanger de dés de fromage. Juste avant de servir, recouvrir d'oignons.*

ALPINE MACARONI

INGREDIENTS

500 g	macaroni (Barilla), cooked al dente
1	large white onion, chopped
30 g	butter
100 g	ham cubes, cooked
100 g	potato cubes, cooked
1	apple, diced
1 dl	pasta water (reserved)
2 dl	cream
	salt and white pepper
	small cubes of raclette cheese according to taste

Preparation

Cook the pasta in the usual way, reserving 1 dl of the cooking water. Sauté the onions until brown in half of the butter and keep warm. In a frying pan, sauté the ham, potatoes and apple in the remaining butter. Add the hot macaroni and reserved cooking water and briefly sauté again. Season to taste. Bind the mixture with the cream and heat. For Alpine macaroni lovers: Stir cubes of raclette cheese into the macaroni, gratinate and sprinkle with the browned onions. Serve hot.

Drehrestaurant Allalin

Drehrestaurant & Eisgrotte

WALLISER APRIKOSEN-WÄHE MIT GERÖSTETEN MANDELN

ZUTATEN

1	rund ausgewallter Blätterteig Ø 26 cm
etwas	Butter
60 g	Mandeln, gemahlen
600 g	Aprikosen, halbiert
3	Eier
50 g	Zucker
3 dl	Rahm
1 Beutel	Vanillepulver
60 g	Aprikosenglasur
50 g	Mandelplättchen, geröstet

Vorbereitung

Eine Wähenform mit Butter ausstreichen, Teig in der Form auslegen, mit der Gabel gut einstechen und die Mandeln darauf schön gleichmässig verteilen. Im Kühlschrank ½ Stunde stehen lassen. Den Ofen auf 190°C vorheizen.

Zubereitung

Den Teig mit den Aprikosen belegen, in den vorgeheizten Ofen schieben, auf der untersten Rille 20 Minuten backen. Für den Guss die Eier, Zucker, Rahm und Vanille gut mixen. Kuchen aus dem Ofen nehmen, Guss durch die Zwischenräume giessen und nochmals 20 Minuten weiter backen. Aprikosenglasur erwärmen, den Kuchen damit glasieren und die gerösteten Mandeln verteilen.

Tipp: Am besten schmeckt die Wähe noch leicht warm.

TARTE AUX ABRICOTS
«AMANDINE»

Mise en place
Beurrer une plaque à tarte, foncer la plaque de la pâte, piquer et répartir les amandes moulues sur toute la pâte. Laisser reposer au frais durant une demi-heure et préchauffer le four à 190 °C.

Préparation
Disposer les abricots sur la pâte et glisser la plaque au four dans la rainure du bas, cuire 20 minutes. Préparer une liaison en mélangeant bien les œufs, le sucre, la crème et la vanille en poudre. Sortir le gâteau du four et verser la liaison dans les espaces, puis remettre au four durant 20 minutes. Chauffer le glaçage à l'abricot, en napper la tarte, puis parsemer d'amandes effilées grillées.

Nota bene: servie tiède, cette tarte est un délice!

INGRÉDIENTS

1	abaisse de pâte feuilletée de Ø 26 cm
un peu	de beurre
60 g	d'amandes moulues
600 g	d'abricots coupés en deux
3	œufs
50 g	de sucre
3 dl	de crème
1 sachet	de vanille en poudre
60 g	de glaçage à l'abricot
50 g	d'amandes effilées grillées

VALAIS APRICOT TART
WITH ROASTED ALMONDS

Preparation
Place the pastry in a tart mould, which has first been greased with butter. Thoroughly prick with a fork. Distribute the ground almonds evenly over the pastry and leave to rest for 1 hour in the refrigerator. Preheat the oven to 190 °C.

Lay the apricots over the pastry and bake on the lowest oven rack for 20 minutes. Thoroughly mix the eggs, sugar, cream and vanilla for the custard. Remove the tart from the oven; pour the custard over the spaces between the apricots and bake for a further 20 minutes. Brush the tart with the warmed apricot glaze and sprinkle the roasted almond chips over the top.

Tip: the tart tastes best when served warm.

INGREDIENTS

1	round sheet puff pastry, rolled to a diameter of 26 cm
some	butter
60 g	almonds, ground
600 g	apricots, halved
3	eggs
50 g	sugar
3 dl	cream
1 packet	vanilla powder
60 g	apricot glaze
50 g	almond chips, roasted

INGRÉDIENTS

«Knödel»

1	filet de lapin
1	filet d'agneau
250 g	de pain blanc coupé en dés
175 g	de lait
4	jaunes d'œufs
1 c.s.	d'épinards hachés
1 c.s.	d'herbes hachées (basilic, cerfeuil, persil, thym, origan)
3	blancs d'œufs en neige ferme

Tomates sautées

16	tomates cerises en grappes
1,5 dl	d'huile d'olive
	basilic
	sel et poivre

Préparation
«Knödel»

Ramollir les dés de pain dans le lait durant 30 minutes. Ajouter le jaune d'œuf, les épinards et les herbes, puis laisser reposer 15 à 20 minutes. Incorporer ensuite le blanc d'œuf, saler, poivrer et assaisonner de muscade selon les goûts. Verser la moitié de l'appareil dans un moule à terrine recouvert d'un cellophane. Placer les deux filets, l'un sur l'autre, au milieu du moule, puis recouvrir du reste de l'appareil. Pocher au four au bain-marie à 120 °C durant environ 30 minutes ou dans un four à vapeur combiné à 85 °C jusqu'à une température au cœur de 40 °C. Laisser reposer 10 minutes environ et, à l'aide d'un couteau fin bien affûté, couper des tranches, puis garnir de tomates.

Tomates sautées

Couper les tomates en quartiers et les saisir à l'huile d'olive très chaude avec les épices. Veiller à ce que les tomates soient bien tendres et, en même temps, à ce qu'elles ne perdent pas leur structure.

«KNÖDEL» AUX HERBES AVEC AGNEAU ET LAPIN ACCOMPAGNÉ DE TOMATES SAUTÉES

HERBED BREAD DUMPLINGS WITH LAMB AND RABBIT OVER BRAISED TOMATOES

INGREDIENTS

Dumplings

1	rabbit filet
1	lamb filet
250 g	white bread, cut into cubes
175 g	milk
4	egg yolks
1 tbsp	chopped spinach
1 tbsp	mixed herbs, chopped (basil, chervil, parsley, thyme, oregano)
3	egg whites, beaten

Tomatoes

16	cherry ramati tomatoes
1,5 dl	olive oil
	basil
	salt and pepper

Preparation
Dumplings

Soften the bread cubes in milk for 30 minutes. Mix in the egg, spinach and herbs. Leave to rest for approximately 15–20 minutes. Fold in the stiffly beaten egg whites and season with salt, pepper and nutmeg according to taste. Line a terrine mould with plastic wrap and fill with half of the bread mixture. Place both meat filets in the middle of the mould and cover with the remaining bread mass. Poach over a water bath in a 120 °C oven for 30 minutes or in a combi-steamer at 85 °C until a core temperature of 40 °C has been reached. Leave the terrine to rest for 10 minutes, then cut into slices with a sharp, narrow knife.

Tomatoes

Quarter the tomatoes and gently sauté them with the herbs in hot olive oil until they are very soft and have almost lost their shape. Arrange decoratively and enjoy.

POULARDE EN ROBE DE SHIITAKE
FARANDOLE DE LÉGUMES

INGRÉDIENTS

2	poitrines de poularde sans la peau
6	gros shiitake
2 c.s.	de chair à saucisse de veau ou de volaille
	légumes selon les goûts: asperges fines, pois mange-tout, tomates cerises rôties
un peu	de jus de balsamique

Préparation

Enduire les poitrines de poularde d'une fine couche de chair à saucisse. Couper les shiitake en fines lamelles et les disposer joliment sur un cellophane. Déposer la viande sur les champignons et former des rouleaux bien serrés. Pocher environ 15 minutes à 83 °C. Laisser ensuite reposer 5 minutes à 60 °C, puis retirer le cellophane. Préparer les légumes comme de coutume. Servir une demi-poitrine par personne avec les légumes et arroser parcimonieusement de jus de balsamique.

BREAST OF CORN FED HEN
WRAPPED IN SHIITAKE MUSHROOMS WITH COLOURFUL VEGETABLES

INGREDIENTS

2	corn fed chicken breasts, without skin
6	large shiitake mushrooms
2 tbsp	chicken or veal sausage meat purée
	vegetables of your choice: fine asparagus, fresh snow peas, braised cherry tomatoes
	balsamic vinegar jus

Preparation

Thinly coat the chicken breast with the sausage meat purée. Finely slice the shitake mushrooms and arrange them neatly over plastic wrap. Completely roll the chicken breast in the mushrooms and poach at 83 °C for approximately 15 minutes. Leave to rest in a 60 °C oven for 5 minutes, then remove from the plastic wrap. Prepare the vegetables as desired. Serve one breast per person with the nicely arranged vegetables. Drizzle with a small amount of balsamic vinegar jus according to taste.

Restaurant Cäsar Ritz

MAISPOULARDENBRUST IM SHIITAKEMANTEL
AUF BUNTEM GEMÜSE

ZUTATEN

2	Maispoulardenbrüste, ohne Haut
6	grosse Shiitakepilze
2 EL	Hühner- oder Kalbfleischbrät
	Gemüse nach Wahl: feine Spargeln, frische Kefen, geschmorte Cherrytomaten
etwas	Balsamicojus

Zubereitung

Poulardenbrust dünn mit Brät einstreichen. Die Shiitake in feine Scheiben schneiden und auf einer ausgebreiteten Klarsichtfolie schön arrangieren. Nun die Poulardenbrust satt in die Pilze einrollen und bei 83 °C während ca. 15 Minuten pochieren. Anschliessend 5 Minuten bei 60 °C ruhen lassen und aus der Folie nehmen. Gemüse wie gewohnt zubereiten. Pro Person ½ Brust servieren und mit den verschiedenen Gemüsen schön anrichten. Nach Belieben mit wenig Balsamicojus servieren.

SIEBEN KATALANISCHE ZWÄRGLI

ZUTATEN

1 l	Rahm
350 g	Zucker
280 g	Eigelb (=14 Stück)
nach Belieben	7 verschiedene Aromen

Zubereitung

Rahm zusammen mit dem Zucker aufkochen und unter stetem Rühren an die Eigelb giessen. Masse in sieben Gefässe geben und nach Belieben Aroma beigeben, wie Safran, Lavendel, Rosenwasser, Orangenblüten, Kakao, Vanille, Pistazienpaste, Bittermandelessenz, Ingwer usw.

In sieben verschiedene Gläser abfüllen. Die gefüllten Förmchen im 120°C warmen Ofen in einem Wasserbad während ca. 90 Minuten zugedeckt pochieren. Sobald die Masse stockt, die Förmchen rausnehmen und kühlstellen. Bei grossen Formen die pochierte Masse vor dem Servieren mit Rohzucker bestreuen und mit einem Bunsenbrenner karamellisieren. Nach Belieben ausdekorieren und kühl servieren.

SEPT PETITS NAINS CATALANS

INGRÉDIENTS

1 l	de crème
350 g	de sucre
280 g	de jaunes d'œufs (= 14 œufs)
7	parfums différents, selon les goûts

Préparation

Porter la crème et le sucre à ébullition et verser sur les jaunes d'œufs tout en remuant. Verser la préparation dans sept ramequins et ajouter des parfums tels safran, lavande, eau de rose, fleur d'oranger, cacao, vanille, crème de pistache, essence d'amandes amères, gingembre, etc.
Glisser les ramequins au four à 120 °C et les cuire au bain-marie durant environ 90 minutes à couvert. Une fois que la crème durcit, sortir les bols et les placer au frais. En cas d'utilisation d'un grand récipient, saupoudrer la crème de sucre brut et caraméliser à l'aide d'un petit chalumeau avant de servir. Décorer selon les goûts et servir frais.

SEVEN CATALAN DWARVES

INGREDIENTS

1 l	cream
350 g	sugar
280 g	egg yolks (= 14 yolks)
	7 different flavourings according to taste

Preparation

Mix the cream with the sugar and bring to a boil. Add the egg yolks, stirring constantly. Fill seven moulds with the mixture and flavour these according to taste (i.e. saffron, lavender, rose water, orange blossoms, cocoa, vanilla, pistachio paste, bitter almond essence, ginger etc.).
If possible, use 7 differently-shaped glasses for the moulds. Poach the filled moulds in a water bath in a 120 °C oven for approximately 90 minutes. As soon as the mixture solidifies, remove from the oven and cool. If using large moulds, sprinkle the poached mass with cane sugar, and then caramelize using a cooking torch. Garnish as desired and serve cool.

Ferienart – Restaurant Vernissage

Beat und Chantal Anthamatten, Gastgeber, mit ihrer Familie. / Beat et Chantal Anthamatten, tenanciers, avec leur famille. / Beat and Chantal Anthamatten, Hosts, with their family.

«FerienArt – Vernissage»

Kulinarik auf höchstem Niveau
Kreative Küche mit Kräutern, vorwiegend einheimischen Produkten und hervorragenden Weinen. Ein Szene-Restaurant der etwas anderen Art, wo eine gesunde, leichte und moderne Kochkunst zelebriert wird.

Que de superlatifs culinaires!
Une cuisine créative relevée de fines herbes et à base de produits principalement locaux. Un restaurant tendance et original qui célèbre l'art d'une cuisine saine, légère et moderne accompagnée de vins exceptionnels.

Fine food of the highest standard
Creative cuisine featuring herbs, predominantly local products and excellent wines. An in-restaurant of a different colour, celebrating a healthy, light and modern style of cookery.

BLAUES KARTOFFELTÖRTCHEN
MIT JAKOBSMUSCHELN

ZUTATEN

800 g	blaue Kartoffeln
	Salz und Pfeffer
	jungfräuliches Olivenöl
	Sherryessig
2 EL	Schnittlauch, fein geschnitten
4	Jakobsmuscheln
etwas	Sauerrahm
wenig	Kurkuma

Zubereitung

Kartoffeln mit der Schale weich kochen. Dann in kleine Würfel schneiden und mit Salz, Pfeffer, Öl und Essig warm abschmecken. Den Schnittlauch ganz zum Schluss vor dem Anrichten beimischen. Die Jakobsmuscheln mit reichlich Öl heiss und kurz auf einer Seite grillieren. Horizontal in feine Scheiben schneiden und auf die zu einem Törtchen geformten Kartoffeln schön arrangieren. Zuletzt die Tranche der Jakobsmuschel mit dem Grillmuster aufsetzen. Mit Öl, Essig, Salz und Pfeffer beträufeln. Das Törtchen mit Sauerrahm und Kurkuma-Sauerrahm umkreisen.

Restaurant Vernissage

GALETTE DE TRUFFES DE CHINE
AUX COQUILLES SAINT-JACQUES

INGRÉDIENTS

800 g	de truffes de Chine (pommes de terre bleues)
	sel et poivre
	huile d'olive vierge
	vinaigre de sherry
2 c.s.	de ciboulette finement hachée
4	coquilles Saint-Jacques
un peu	de crème acidulée
un peu	de curcuma

Préparation
Cuire les pommes de terre en robe des champs jusqu'à tendreté. Couper en petits dés, saler, poivrer, puis assaisonner les pommes de terre encore chaudes d'huile et de vinaigre. Ajouter la ciboulette tout à la fin, au moment de servir. Façonner des petites galettes. Griller brièvement et à feu vif les coquilles Saint-Jacques d'un seul côté dans beaucoup d'huile. Les trancher finement dans l'épaisseur, puis les disposer sur les galettes en terminant par la tranche quadrillée. Arroser d'huile et de vinaigre, saler et poivrer. Garnir de crème acidulée nature et relevée de curcuma.

BLUE POTATO CAKE
WITH SCALLOPS

INGREDIENTS

800 g	blue potatoes
	salt and pepper
	virgin olive oil
	sherry vinegar
2 tbsp	chives, finely chopped
4	scallops
	sour cream
	turmeric

Preparation
Boil the potatoes in their jackets until soft. Dice into small cubes and season with the salt, pepper, olive oil, and vinegar. Add the chives and form the chopped potatoes into a cake. Briefly sear the scallops on one side in plentiful oil. Finely slice into thin discs and arrange these decoratively over the potatoes, which have first been formed into a cake. Marinate with oil, vinegar, salt and pepper. Arrange on the plate, then decorate with a combination of sour cream and turmeric-sour cream drizzled in a circle around the potato cake.

SANDELHOLZ-KALBSFILET MIT ROCKLOBSTER UND GRIESSTÜRMCHEN MIT CHILIEIS

ZUTATEN

Sandelholz-Kalbsfilet
400 g	Kalbsfilet
50 g	Sandelholz, gemahlen (aus der Apotheke)
2	Rocklobster, mit Knoblauch und Sambal Oelek mariniert
3	Frühlingszwiebeln, in 1 cm breite Stücke geschnitten
	Butter
	Salz und Pfeffer

Griesstürmchen
4 dl	Milch
10 g	Butter
50 g	Hartweizengriess
1	Eigelb
30 g	Parmesan

Chilieis
125 g	Rahm
100 g	Zucker
4	Eigelb
100 g	Kartoffelsaft
200 g	Peperoni
50 g	Verjus
½	Chilischote, ohne Kerne

Zubereitung

Sandelholz-Kalbsfilet

Filet salzen und pfeffern, im Sandelholz wenden und gut abklopfen. Mit Butter oder passendem Fettstoff im Ofen rosa braten. Lobster ebenfalls kurz und heiss anbraten. Auf kurz gedünsteten Frühlingszwiebeln das Fleisch aufgeschnitten und den Lobster mit dem heissen Griess schön anrichten. Das Chilieis auf den Hartweizengriess geben und sofort servieren.

Griesstürmchen

Milch zusammen mit der Butter aufkochen. Hartweizengriess regenartig beigenen und das Eigelb untermischen, zuletzt den Parmesan einrühren. Gut abschmecken und in passende, gut geölte Förmchen füllen, erkalten lassen. Ausformen und im Dampf heiss machen.

Chilieis

Rahm, Zucker und Eigelb zur Rose kochen, den Kartoffelsaft beigeben. Peperoni, Verjus und Chilischote zusammen fein pürieren und beigeben. Alles gut mischen und in einem Freezer frieren.

Restaurant Vernissage

INGRÉDIENTS

FILET DE VEAU AU SANTAL AVEC HOMARD DE ROCHE ET SEMOULE AU CHILI

Filet de veau au santal

400 g	de filet de veau
50 g	de santal moulu (acheté en pharmacie)
2	homards de roche marinés à l'ail et au Sambal Oelek
3	oignons de printemps coupés en rouelles de 1 cm
	beurre
	sel et poivre

Tourelles de semoule

4 dl	de lait
10 g	de beurre
50 g	de semoule de blé dur
1	jaune d'œuf
30 g	de parmesan

Glace au chili

125 g	de crème
100 g	de sucre
4	jaunes d'œufs
100 g	de jus de pommes de terre
200 g	de poivrons
50 g	de verjus
½	piment épépiné

Préparation
Filet de veau au santal

Saler et poivrer le filet, le passer dans le santal, et ensuite bien le secouer. Rôtir légèrement au four dans du beurre ou un autre corps gras de façon à ce que le filet soit rosé. Saisir rapidement les homards. Dresser la viande tranchée sur l'oignon de printemps brièvement revenu. Disposer les homards et décorer de la semoule bien chaude. Pour terminer, chapeauter la semoule de glace au chili et servir immédiatement.

Tourelles de semoule

Porter le lait et le beurre à ébullition. Verser la semoule en pluie et ajouter le jaune d'œuf, puis le parmesan. Assaisonner, remplir des moules huilés et laisser refroidir. Démouler et réchauffer à la vapeur.

Glace au chili

Cuire la crème, le sucre et le jaune d'œuf jusqu'à épaississement, ajouter le jus de pommes de terre. Réduire en purée les poivrons, le verjus et le piment, puis ajouter. Bien mélanger le tout et placer au congélateur.

SANDALWOOD VEAL FILET WITH ROCK LOBSTER AND SEMOLINA TOWER WITH ICED CHILLI

INGREDIENTS

Sandalwood veal filet

400 g	veal fillet
50 g	sandalwood, ground (from the pharmacy)
2	rock lobsters marinated in garlic and sambal oelek
3	spring onions chopped into 1 cm pieces
	butter
	salt and pepper

Semolina tower

4 dl	milk
10 g	butter
50 g	durum wheat semolina
1	egg yolk
30 g	parmesan

Iced chilli

125 g	cream
100 g	sugar
4	egg yolks
100 g	potato juice
200 g	bell peppers
50 g	verjuice
½	chilli pepper, deseeded

Preparation
Sandalwood veal filet

Season the filet with salt and pepper and coat with the sandalwood powder. Shake off any excess powder and bake in the oven with butter or any other suitable fat until pink. Score the veal and serve over the sautéed spring onions. Sear the lobster and arrange decoratively with the hot semolina tower. Place the chilli ice over the semolina and serve immediately.

Semolina tower

Boil the milk with the butter and gradually add the semolina. Mix in the egg yolks and then the parmesan. Season well. Fill greased moulds with the mixture and cool. Remove from the moulds and reheat using steam.

Iced chilli

Boil together the cream, sugar and egg yolk until just thickened. Add the potato juice. Finely purée the peppers, verjuice and chilli pepper. Combine with the cream mixture and freeze.

MOELLEUX AU CHOCOLAT
ET GLACE AUX PÉTALES DE ROSE

INGRÉDIENTS

Moelleux au chocolat
75 g	de beurre
75 g	de couverture à 65 %
2	œufs
50 g	de sucre
25 g	de farine

Glace à la fleur de rose
375 g	de yogourt
125 g	de sucre
25 g	de jus de citron
100 g	de crème fouettée
20	petits pétales de rose odorants

Préparation
Moelleux au chocolat
Faire fondre le chocolat et le beurre au bain-marie. Incorporer délicatement les œufs, le sucre et la farine à l'appareil encore tiède. Beurrer un moule cylindrique et saupoudrer de cacao. Verser l'appareil jusqu'au ¾ du moule au maximum. Cuire au four à 180–200 °C durant environ 8 minutes. Servir encore légèrement coulant.

Glace aux pétales de rose
Hacher finement les pétales de roses et mélanger aux autres ingrédients. Placer dans une sorbetière.

INGREDIENTS

Chocolate cake
75 g	butter
75 g	chocolate couverture 65 % cocoa
2	eggs
50 g	sugar
25 g	flour

Rose petal ice cream
375 g	yogurt
125 g	sugar
25 g	lemon juice
100 g	cream, whipped
20	small, fragrant rose petals

Preparation
Chocolate cake
Melt the chocolate and butter together over a water bath. Allow to cool slightly, then fold in the eggs, sugar and flour. Grease a cylindrical mould and dust the inside with cocoa powder. Fill the mould to the top with the mixture. Bake in a 180–200 °C oven for approximately 8 minutes. Serve while still slightly molten.

Rose petal ice cream
Finely chop the rose petals, mix with the other ingredients and freeze in the ice cream maker.

CHOCOLATE LAVA CAKE
WITH ROSE PETAL ICE CREAM

Restaurant Vernissage

FLIESSENDES SCHOGGIKÜCHLEIN MIT ROSENBLÜTENEIS

ZUTATEN

Schoggiküchlein

75 g	Butter
75 g	Couverture, 65 % Kakao
2	Eier
50 g	Zucker
25 g	Mehl

Rosenblüteneis

375 g	Joghurt
125 g	Zucker
25 g	Zitronensaft
100 g	Rahm, steif
20	kleine, gut duftende Rosenblütenblätter

Zubereitung

Schoggiküchlein

Schoggi und Butter zusammen auf dem Wasserbad zum Schmelzen bringen. Eier, Zucker und Mehl unter die noch leicht warme Masse heben. Eine zylinderförmige Form ausbuttern und mit Kakao bestäuben. Die Masse zu maximal ¾ einfüllen. Im Ofen bei 180–200°C ca. 8 Minuten backen, noch leicht flüssig servieren.

Rosenblüteneis

Rosenblütenblätter fein hacken, dann mit den übrigen Zutaten vermischen und in einer Eismaschine frieren.

V.l.n.r.: Fabian Seher, Markus Neff, Simon Geschwentner und / et / and Mathias Häusler.

Markus Neff, Küchenchef und «Koch des Jahres 2007».
Markus Neff, chef et «cuisinier de l'année 2007».
Markus Neff, Chef and «Cook of the Year 2007».

«Waldhotel Fletschhorn»

Kulinarik in der Waldlichtung
Entspannt und doch elegant, kulinarisch anspruchsvoll und doch sehr zugänglich. Eine geradlinige und dennoch vielseitige, kreative Küche verzaubert den Gaumen, der passende Tropfen aus der Vinothek rundet den Genuss ab.

La clairière aux mille et une saveurs
La célébration de l'art culinaire à la portée de tous dans une atmosphère détendue et élégante à la fois. Une ligne claire laissant tout de même libre cours à la créativité. Les plus fins palais apprécieront également les crus exquis de la vinothèque.

Culinary enjoyment in a forest clearing
Relaxed yet elegant, sophisticated but accessible to everyone. A straightforward and versatile, creative cuisine to enchant the palate, rounded off by matching wines from the cellar.

Waldhotel Fletschhorn

SAIBLINGS-TATAR MIT OKTOPUS-MOSAIK

ZUTATEN

Oktopus-Carpaccio
1	mittlerer, frischer Oktopus
5 l	Wasser, kalt
2 dl	Weisswein
etwas	Essig
	Meersalz
	grober Pfeffer

Saiblings-Tatar
2	Saiblingsfilets, frisch
1	Schalotte, fein gehackt
	Salz, Pfeffer und Zitronensaft
	Champagner

Sauce
1,5 dl	Olivenöl
½	frische Chilischote
1	Zitrone, abgeriebene Schale und Saft
	Salz und Pfeffer

Garnitur
2	Kerbelzweige
etwas	Maldon-Salz

Zubereitung

Oktopus-Carpaccio
Den Oktopus säubern, in Wasser, Weisswein, etwas Essig, Salz und Pfeffer in einem Topf zum Kochen bringen und bei mittlerer Hitze ca. 2 Stunden gar kochen. Dann aus dem Kochsud nehmen, die Haut abziehen und noch warm mit etwas Kochsud in eine Terrinenform schichten. Beschweren und in den Kühlschrank stellen. Fest werden lassen und stürzen, in Klarsichtfolie einpacken und im Tiefkühlfach lagern.
Auf der Aufschnittmaschine dünne Scheiben schneiden und auf Teller anrichten.

Saiblings-Tatar
Den Saiblingsfilets die Haut abziehen und mit einem scharfen Messer in feine Würfel schneiden. Mit der Schalotte, Salz, Pfeffer, Zitronensaft und etwas Champagner zu einem Tatar mischen.

Sauce
Das Olivenöl mit der fein geschnittenen Chilischote und der Zitronenschale (Abrieb) in einem Topf erwärmen und dann mit Zitronensaft und Salz, Pfeffer zu einer Sauce verrühren. Abkühlen lassen.

Das Tatar mit zwei kleinen Löffeln zwischen die Oktopus-Scheiben anrichten und mit der Sauce um- und übergiessen, Kerbel und etwas Maldon-Salz als Garnitur.

TARTARE D'OMBLE EN QUENELLES ET CARPACCIO DE POULPE EN MOSAÏQUE

INGRÉDIENTS

Carpaccio de poulpe
1	poulpe moyen frais
5 l	d'eau froide
2 dl	de vin blanc
un peu	de vinaigre
	sel de mer
	poivre concassé

Tartare d'omble
2 filets	d'omble frais
1	échalote finement hachée
	sel, poivre et jus de citron
	champagne

Sauce
1,5 dl	d'huile d'olive
½	chili frais finement haché
1	citron, zeste râpé et jus
	sel et poivre

Décoration
2 branchettes	de cerfeuil
un peu	de sel de Maldon

Préparation
Carpaccio de poulpe

Nettoyer le poulpe. Le mettre dans une casserole avec l'eau, le vin blanc et un peu de vinaigre, saler et poivrer, puis porter à ébullition. Laisser cuire à feu moyen durant environ 2 heures. Le sortir de la casserole, en retirer la peau, puis le placer dans un moule à terrine avec un peu de jus de cuisson. Lester et réserver au réfrigérateur jusqu'à durcissement. Démouler, puis emballer dans un film cellophane avant de placer au congélateur. Couper finement à la trancheuse électrique, puis dresser sur une assiette.

Tartare d'omble

Retirer la peau des filets d'omble et, au moyen d'un couteau bien affûté, débiter en petits dés. Confectionner un tartare en mélangeant le poisson avec l'échalote, le sel, le poivre, le jus de citron et un peu de champagne.

Sauce

Dans une casserole, chauffer l'huile d'olive avec le chili et le zeste de citron, ajouter le jus de citron et remuer jusqu'à obtention d'une sauce, saler et poivrer. Laisser refroidir.

A l'aide de deux petites cuillers, former des quenelles de tartare et dresser entre les tranches de poulpe. Arroser et décorer de sauce. Garnir de cerfeuil et de sel de Maldon.

CHAR TARTAR WITH A MOSAIC OF OCTOPUS CARPACCIO

INGREDIENTS

Octopus carpaccio
1	medium-sized, fresh octopus
5 l	cold water
2 dl	white wine
some	vinegar
	sea salt
	coarsely ground pepper

Char tartar
2	char fillets, fresh
1	shallot finely chopped
	salt, pepper and lemon juice
	champagne

Sauce
1,5 dl	olive oil
1	fresh chilli pepper
1	lemon, grated zest and juice
	salt and pepper

Garnish
2 sprigs	chervil
	Maldon sea salt

Préparation
Octopus carpaccio

Clean the octopus and boil in a mixture of water, white wine, a little vinegar, salt and pepper over medium heat for approximately 2 hours. Remove the octopus from the cooking liquid, take off the skin and layer in a terrine mould with some of the cooking liquid. Compress with a weight and refrigerate until firm. Remove from the mould, wrap in plastic wrap and freeze. Finely slice using a machine slicer and arrange the carpaccio on plates.

Char tartar

Remove the skin from the char fillets and finely dice using a sharp knife. Mix together with the shallot, salt, pepper and some champagne.

Sauce

Warm the olive oil with the finely chopped chilli pepper and the grated lemon zest in a pan, stir in the lemon juice, salt and pepper, and then cool.

Using two spoons, arrange small mounds of the tartar in between the octopus slices. Drizzle with the sauce and garnish with the chervil and some Maldon sea salt.

JARRET D'AGNEAU DU VALAIS ET MOUSSELINE DE POMMES DE TERRE AU SAFRAN DE MUND

INGRÉDIENTS

Jarrets d'agneau
4	petits jarrets d'agneau
20 g	de farine blanche
200 g	de légumes racines, ail, romarin, genièvre, sel et poivre
1 c.s.	de concentré de tomates beurre à rôtir
1 bouteille	de syrah du Valais
3 l	de fond de légumes

Mousseline de pommes de terre
500 g	de pommes de terre pelées
100 ml	de crème
100 g	de beurre
	stigmates de safran
	sel, poivre et muscade

Jardinière
200 g	de haricots verts frais
4 tranches	de jambon cru du Valais
1	échalote
2	petites tomates du Valais
1 c.s.	de pignons grillés
30 g	de beurre
	sel et poivre

Préparation

Jarrets d'agneau

Saler et poivrer les jarrets et les fariner légèrement. Bien les saisir de tous les côtés au beurre à rôtir et réserver dans un plat. Faire revenir les légumes dans la même casserole, ajouter le concentré de tomates et faire rissoler le tout. Déglacer au vin rouge, puis faire réduire. Ajouter les jarrets et mouiller avec le fond de légumes. Couvrir et laisser braiser durant environ 2 heures au four préchauffé à 200 °C. Retirer les jarrets de la casserole, passer le jus de cuisson et faire réduire.

Mousseline de pommes de terre

Débiter les pommes de terre en morceaux, les cuire jusqu'à tendreté à l'eau salée avec quelques stigmates de safran. Passer les pommes de terre encore chaudes d'abord au presse-purée, puis à l'étamine. Verser dans un plat. Dans une casserole, porter lentement à ébullition la crème salée, poivrée et légèrement assaisonnée de muscade et de quelques stigmates de safran. Couper le beurre en petits dés et mélanger aux pommes de terre. Pour terminer, incorporer la crème chaude, puis rectifier l'assaisonnement.

Jardinière

Eplucher les haricots, les couper en brunoise, puis les cuire à l'eau salée. Rectifier l'assaisonnement. Entailler les tomates et les plonger brièvement dans l'eau bouillante, puis les rafraîchir. En retirer la peau, les épépiner et les couper en dés. Faire revenir l'échalote hachée avec le jambon cru émincé, ajouter les haricots, puis mélanger les tomates et les pignons à la fin.

BRAISED SHANKS OF VALAIS LAMB WITH MUNDER SAFFRON-FLAVOURED POTATO MOUSSELINE

INGREDIENTS

Lamb shanks
4	small lamb shanks
20 g	white flour 20
200 g	root vegetables, garlic, rosemary, juniper, salt and pepper
1 tbsp	tomato paste
	clarified butter
1 bottle	Valais Syrah
3 l	vegetables stock

Mousseline potatoes
500 g	potatoes, peeled
100 ml	cream
100 g	butter
	saffron threads
some	salt, pepper and nutmeg

Vegetables
200 g	fresh green beans
4 slices	Valais air dried bacon
1	shallot
2	small Valais tomatoes
1 tbsp	pine nuts, roasted
30 g	butter
	salt and pepper

Preparation

Lamb shanks

Season the lamb shanks with salt and pepper, lightly roll in flour and brown on all sides in clarified butter. Remove the shanks from the pan and set aside. Sauté the root vegetables in the same pan and add the juniper, rosemary and tomato paste. Deglaze with the red wine and reduce. Add the lamb shanks and cover with the vegetable stock. Cover and braise in a 200 °C oven for approximately 2 hours. Remove the cooked shanks from the pan, pass the sauce through a sieve and simmer until reduced.

Mousseline potatoes

Chop the potatoes and boil in salted water with a few saffron threads. Press the hot potatoes through a potato ricer, and then through a fine sieve into in a large mixing bowl. Season the cream with salt, pepper and some nutmeg. Add a few saffron threads and bring to a boil. Cut the butter into fine pieces and mix into the sieved potatoes. Stir in the hot cream and season to taste.

Vegetables

Rinse the beans and chop into fine cubes. Boil in salted water until al dente and season to taste. Nick the tomatoes, briefly blanche, and then plunge into cold water. Remove the skins and the seeds. Slice the flesh into cubes. Sauté the chopped shallot and finely sliced bacon in the butter and add the beans. Mix in the tomatoes and pine nuts, and then season.

WALLISER LAMMHAXEN UND KARTOFFELPÜREE MIT MUNDER SAFRAN

ZUTATEN

Lammhaxen

4	kleine Lammhaxen
20 g	Weissmehl
200 g	Wurzelgemüse, Knoblauch, Rosmarin, Wacholder, Salz und Pfeffer
1 EL	Tomatenpüree
	Bratbutter
1 Flasche	Syrah aus dem Wallis
3 l	Gemüsefond

Kartoffelpüree

500 g	Kartoffel, geschält
100 ml	Rahm
100 g	Butter
	Safranfäden
etwas	Salz, Pfeffer und Muskat

Gemüse

200 g	frische grüne Bohnen
4 Scheiben	Walliser Rohessspeck
1	Schalotte
2	kleine Walliser Tomaten
1 EL	Pinienkerne, geröstet
30 g	Butter
	Salz und Pfeffer

Zubereitung

Lammhaxen

Die Lammhaxen mit Salz und Pfeffer würzen und kurz in dem Mehl wenden, in Bratbutter von allen Seiten schön anbraten und aus dem Topf nehmen. Im gleichen Topf das Wurzelgemüse anbraten, Knoblauch, Wacholder und Rosmarin und das Tomatenpüree zugeben, mitrösten. Mit dem Rotwein ablöschen, einkochen lassen, die Haxen zugeben und mit Gemüsefond auffüllen. Im 200 °C heissen Ofen zugedeckt ca. 2 Stunden schmoren.
Die fertigen Haxen aus der Sauce nehmen, die Sauce durch ein Sieb passieren und einkochen lassen.

Kartoffelpüree

Die Kartoffel in Stücke schneiden, in Salzwasser mit einigen Safranfäden gar kochen und durch das Passe-vite drücken. Anschliessend noch heiss durch ein feines Haarsieb streichen und in eine weite Schüssel füllen. Den Rahm mit Salz, Pfeffer und etwas Muskat würzen, einige Safranfäden dazugeben und aufkochen lassen. Die Butter in kleine Würfel schneiden und unter die passierten Kartoffeln mischen. Am Schluss den noch heissen Rahm einrühren und abschmecken.

Gemüse

Die Bohnen putzen und in Brunoise schneiden, in Salzwasser gar kochen und abschmecken. Die Tomaten einschneiden, kurz in kochendes Wasser tauchen, abschrecken, die Haut abziehen, entkernen und in Würfel schneiden. In der Butter die gehackten Schalotten mit dem fein geschnittenen Speck anziehen, die Bohnen zugeben, am Schluss die Tomaten und Pinienkerne untermengen und abschmecken.

Waldhotel Fletschhorn

OFENWARMER FRISCHKÄSEKUCHEN
MIT HIMBEERSORBET

ZUTATEN

Zuckerteig
400 g	Mehl
200 g	Butter
130 g	Puderzucker
1	Eigelb
etwas	Salz
2 EL	Milch

Biskuit
120 g	Butter, flüssig
40 g	Zucker
500 g	Magerquark
20 g	Kartoffelstärke
4	Eigelb
1	Zitrone, abgeriebene Schale
4	Eiweiss
120 g	Zucker
4 Kugeln	Himbeersorbet
	frische Himbeeren

Zubereitung

Zuckerteig

Aus den Zutaten einen Zuckerteig kneten und im Kühlschrank 2 Stunden ruhen lassen. Dann ca. 3 mm dick ausrollen und Rondellen ausstechen. Im Ofen bei 180 °C goldbraun backen.

Biskuit

Die flüssige Butter mit dem Quark, dem Zucker, der Stärke und dem Eigelb zu einer schönen Masse aufschlagen und die Zitronenschale zugeben. Das Eiweiss mit dem Zucker steif schlagen und unterziehen. Die Masse auf ein gebuttertes Blech verteilen und ca. 35 Minuten im Ofen bei 180 °C backen. Auskühlen lassen und runde Kuchen ausstechen. Auf je eine Zuckerteigrondelle einen Quarkkuchen setzen und im Ofen wieder erwärmen. Mit frischen Himbeeren und Himbeersorbet servieren.

PETIT *GÂTEAU AU FROMAGE BLANC* SERVI CHAUD AVEC SON *SORBET FRAMBOISE*

INGRÉDIENTS

Pâte au sucre
400 g	de farine
200 g	de beurre
130 g	de sucre glace
1	jaune d'œuf
un peu	de sel
2 c.s.	de lait

Biscuit
120 g	de beurre fondu
40 g	de sucre
500 g	de séré maigre
20 g	de fécule de pommes de terre
4	jaunes d'œufs
1	citron, zeste râpé
4	blancs d'œufs
120 g	de sucre
4 boules	de sorbet framboise
	framboises fraîches

Préparation

Pâte au sucre

Mélanger tous les ingrédients et pétrir jusqu'à obtention d'une pâte. Laisser reposer au réfrigérateur durant 2 heures. Ensuite, abaisser la pâte à 3 mm d'épaisseur et découper des rondelles à l'aide d'un emporte-pièce. Cuire au four à 180 °C jusqu'à coloration dorée.

Biscuit

Battre le beurre fondu avec le séré, le sucre, la fécule et les jaunes d'œufs jusqu'à obtention d'un appareil bien lisse, puis ajouter le zeste de citron. Monter le blanc en neige avec le sucre et incorporer.

Verser l'appareil sur une plaque beurrée et cuire au four à 180 °C durant environ 35 minutes. Laisser refroidir, puis découper des petits gâteaux ronds à l'aide d'un emporte-pièce. Placer un petit gâteau au séré sur chaque rondelle de pâte au sucre, puis réchauffer au four. Servir avec des framboises et du sorbet framboise.

OVEN FRESH *CHEESECAKE* WITH *RASPBERRY SORBET*

INGREDIENTS

Sweet pastry
400 g	flour
200 g	butter
130 g	icing sugar
1	egg yolk
	salt
2 tbsp	milk

Quark cakes
120 g	butter, melted
40 g	sugar
500 g	low fat quark
20 g	potato starch
4	egg yolks
1	lemon, grated zest
4	egg whites
120 g	sugar
4 scoops	raspberry sorbet
	fresh raspberries

Preparation

Sweet pastry

Knead the ingredients into a dough and leave to rest in the refrigerator for 2 hours. Roll out to 3 mm thickness and cut out rounds for the base. Bake until golden in a 180 °C oven.

Quark cakes

Whip the melted butter with the quark, sugar, potato starch and egg yolk until light and airy. Add the lemon zest. Beat the egg whites and sugar until stiff and fold into the mix. Spread the mass onto a greased baking sheet and bake in a 180 °C oven for approximately 35 minutes. Cool and then cut into round cakes. Place a quark cake on each pastry base and warm in the oven. Serve with fresh raspberries and raspberry sorbet.

«Hotel du Glacier»

Lagerfeuer-Romantik im Feeloch
Lifestyle pur. Neues kombiniert mit Altbewährtem. Das Knistern des Kaminfeuers, der Duft nach geschmolzenem Käse und schmackhaften Grillspezialitäten lassen Geniesserherzen im urchigen Feeloch höher schlagen.

Feux de camp romantiques au Feeloch
Un lifestyle qui plaît. Moderne et ancien à la fois. Le feu qui crépite dans la cheminée, le parfum du fromage fondu et des grillades, un ravissement pour les hôtes du restaurant rustique Feeloch.

Campfire romanticism in the Feeloch
Quality of life. The down-to-earth Feeloch combines the traditional with the modern. The crackle of a roaring fire, the aroma of melted cheese and the delicious specialities from the grill will make food-lovers' hearts beat a little faster.

Hotel du Glacier

FEELOCH-SALAT

ZUTATEN

4 Portionen	Blattsalate der Saison (Frisée, Nüssli, Eichblatt, Ruccola, Portulak etc.)
einige	getrocknete Tomaten
einige	Parmesanhobel
nach Belieben	Sonnenblumenkerne, Kürbiskerne, Leinsaat
	Salz
nach Belieben	Crevetten oder Pouletbruststreifen
nach Belieben	Dressing

Zubereitung

Blattsalate gut waschen und putzen, klein zupfen. Mit einem Dressing nach Wahl mischen und in eine grosse Salatbowle geben. Ausgarnieren mit getrockneten Tomaten, einigen Parmesanhobeln und Kernen. Nach Belieben die Kerne vorher in einer Pfanne ohne Zugabe von Fett rösten, leicht salzen.

Tipp: Salat mit gebratenen Crevetten und/oder Pouletbruststreifen servieren.

SALADE FEELOCH

INGRÉDIENTS

4 portions	de salades de saison (frisée, doucette, feuille de chêne, roquette, pourpier ou autres)
quelques	tomates séchées
quelques	copeaux de parmesan
	graines de tournesol, de courge ou de lin selon les goûts
	sel
quelques	crevettes ou lamelles de poitrine de poulet selon les goûts
	sauce selon les goûts

Préparation

Bien laver les feuilles de salade et les déchirer en petits morceaux. Arroser d'une sauce selon les goûts et mettre dans un grand saladier. Décorer de tomates séchées, de copeaux de parmesan et de petites graines préalablement rôties à sec dans une poêle ou non, selon les goûts. Saler légèrement.

Suggestion: cette salade se marie très bien avec des crevettes ou des lamelles de poitrine de poulet grillées.

FEELOCH SALAD

INGREDIENTS

4 servings	seasonal leaf lettuce (frisée, lamb's lettuce, oak leaf, arugula, purslane, etc.)
some	dried tomatoes
some	shaved parmesan
	sunflower seeds, pumpkin seeds, linseeds according to taste
	salt
	shrimp or chicken breast strips according to taste
	salad dressing according to taste

Preparation

Thoroughly wash the lettuce and shred into small pieces. Mix with a dressing of choice and arrange in a large salad bowl. Garnish with dried tomatoes, some shaved parmesan cheese and the different seeds. If desired, the seeds may first be roasted in a pan without oil, and then lightly salted.

Tip: serve the salad with sautéed shrimp and/or chicken strips.

SURF & TURF

INGRÉDIENTS

4	médaillons de bœuf de 160 g
	huile
un peu	de beurre clarifié
1 branchette	de romarin
8	crevettes
	huile d'olive
un peu	d'ail
un peu	de chili
	thym
	sel et poivre

SURF & TURF

Préparation

Saler et poivrer généreusement les médaillons et les saisir de tous les côtés à feu vif. Terminer la cuisson au four à 120 °C (air pulsé) durant 8 minutes. Sortir les médaillons et les emballer séparément dans du papier d'aluminium et laisser reposer 10 minutes. Avant de servir, les sauter brièvement au beurre clarifié avec une branchette de romarin. Nettoyer les crevettes, les décortiquer, saler et poivrer. Sauter à l'huile d'olive avec l'ail, un peu de chili et de thym. Dresser les crevettes et les médaillons de bœuf sur une assiette.

ZUTATEN

4	Rindsfiletmedaillons à 160 g
	Öl
etwas	Butterschmalz
1	Rosmarinzweig
8	Crevetten
	Olivenöl
etwas	Knoblauch
etwas	Chili
	Thymian
	Salz und Pfeffer

Zubereitung

Rindsfiletmedaillons gut salzen und pfeffern, dann von allen Seiten bei hoher Temperatur anbraten. Aus der Pfanne nehmen und 8 Minuten bei 120 °C Umluft im Ofen backen. Zum Schluss die Medaillons einzeln in Alufolie einwickeln und 10 Minuten ruhen lassen. Vor dem Servieren in Butterschmalz und mit einem Rosmarinzweig ganz kurz nachbraten. Crevetten putzen, aus der Schale lösen, salzen und pfeffern. In Olivenöl und Knoblauch sowie etwas Chili und Thymian in der Pfanne braten. Crevetten und Filetmedaillon dekorativ zusammen anrichten.

INGREDIENTS

4	beef tenderloins of 160 g each
	oil
some	clarified butter
1	sprig rosemary
8	shrimps
	olive oil
some	garlic
some	chilli
	thyme
	salt and pepper

STEAK & TAILS

Preparation

Season the beef tenderloins with salt and pepper and sear on all sides over high heat. Remove from the pan and bake in a 120 °C convection oven for 8 minutes. Remove the tenderloins, wrap singly in aluminium foil, and then leave to rest for 10 minutes. Briefly fry the tenderloins in clarified butter with a sprig of rosemary just before serving. Rinse the jumbo shrimps; remove them from their shells and season with salt and pepper. Sauté the jumbo shrimps in olive oil with the garlic, a small amount of chilli and thyme. Decoratively arrange the tenderloins and jumbo shrimps on a plate and serve.

INGRÉDIENTS

5 dl	de crème
50 g	de grains de café
2	œufs
3	jaunes d'œufs
100 g	de sucre
200 g	de couverture en copeaux
200 g	de couverture au lait
½	gousse de vanille
1	expresso
	mousse de lait
	cacao

CRÈME CAPPUCCINO

Préparation

La veille, faire macérer les grains de café dans la crème. Le lendemain, passer la crème et la fouetter. Battre les œufs, les jaunes d'œufs et le sucre au bain-marie jusqu'à obtention d'un appareil léger, puis battre à froid. Le sucre doit être complètement dissous. Faire fondre les deux couvertures à 38 °C au bain-marie. Vider la demi-gousse de vanille dans l'expresso bien chaud, puis ajouter au chocolat fondu. Incorporer délicatement à l'appareil à l'œuf, tout comme la crème fouettée, en trois pas. Placer au réfrigérateur durant 6 heures soit dans des tasses à cappuccino, soit dans un seul récipient. Dans ce dernier cas, au sortir du réfrigérateur, former des quenelles à l'aide d'une cuiller bien chaude.

Suggestion: Avant de servir, recouvrir de mousse de lait et saupoudrer de cacao.

CAPPUCCINO CREAM

INGREDIENTS

5 dl	cream
50 g	coffee beans
2	eggs
3	egg yolks
100 g	sugar
200 g	chocolate, shaved
200 g	white chocolate couverture
½	vanilla bean
1	espresso
	foamed milk
	chocolate powder

Preparation

Steep the coffee beans in the cream overnight for flavour. Pass the cream through a sieve, and then whip. Whisk the eggs, egg yolks and sugar over a warm water bath until light and airy, then beat until cold. The sugar must dissolve completely. Melt the grated white chocolate couverture over a water bath at 38 °C. Combine the marrow from half a vanilla bean with the hot espresso, and then stir into the melted chocolate. Gently mix in the egg mixture, and then carefully fold in the whipped cream in three steps. Refrigerate for 6 hours. Use a hot spoon to scoop out individual servings or fill cappuccino cups with the mixture before refrigerating.

Tip: Garnish with foamed milk and chocolate powder.

Hotel du Glacier

CAPPUCCINO-CREME

Zubereitung

Den Rahm vor dem Schlagen mit den Kaffeebohnen über Nacht parfümieren, dann passieren und steif schlagen. Eier, Eigelbe und Zucker auf einem warmen Wasserbad luftig schlagen, dann kalt schlagen. Der Zucker muss vollständig aufgelöst sein. Die gehobelte Kuvertüre mit der Vollmilchkuvertüre bei 38 °C im Wasserbad schmelzen. Das Mark eines halben Vanillestängels im heissen Espresso auflösen und zur geschmolzenen Schokolade geben. Anschliessend vorsichtig mit der Eimasse vermischen. Zum Schluss den geschlagenen Rahm vorsichtig in drei Schritten unterheben. 6 Stunden kalt stellen, mit einem heissen Löffel Nocken abstechen oder vor dem Kühlen in Cappuccino-Tassen als Portion abfüllen.

Tipp: Vor dem Servieren mit Milchschaum und Schokoladepulver garnieren.

ZUTATEN

5 dl	Rahm
50 g	Kaffeebohnen
2	Eier
3	Eigelbe
100 g	Zucker
200 g	Kuvertüre, gehobelt
200 g	Vollmilchkuvertüre
½	Vanillestängel
1	Espresso
	Milchschaum
	Schokoladepulver

Saas-Fee for Gourmets

Monika und Wendelin Bumann mit den Kindern Aurelia und Joshua. / *Monika et Wendelin Bumann avec leurs enfants Aurelia et Joshua.* / *Monika and Wendelin Bumann with their children Aurelia and Joshua.*

«Chalet-Hotel GletscherGarten»

Urige Carl Zuckmayer-Stube
Die heimelige Carl Zuckmayer-Stube ist nach dem deutschen Schriftsteller benannt. Er charakterisierte: «Die Adern dieses Holzes strahlen Wärme aus, fast Körperwärme.» Wohliger Genuss.

Hommage à Carl Zuckmayer
La chaleureuse salle Carl Zuckmayer est ainsi baptisée en hommage à l'écrivain allemand. Il dit un jour: «Les veines de ce bois dégagent tant de chaleur,… une chaleur quasi corporelle.» Un moment privilégié.

Rustic Carl Zuckmayer-room
The cosy Carl Zuckmayer-room is named after the German writer, who described its warm comfort with the phrase «The grain of the wood radiates a warmth that is close to body heat.»

Restaurant Carl Zuckmayer-Stube

RÄUCHERLACHS- TÖRTCHEN
ZUTATEN MIT SAUERRAHM-DILL-SAUCE

Crêpes-Teig
80 g — Mehl
2 dl — Milch
0,5 dl — Vollrahm
2 — Eier
20 g — Butter, flüssig
— Salz und Pfeffer

Meerrettichschaum
1 dl — Vollrahm, geschlagen
1 kl — Meerrettich, gerieben
— Salz, Pfeffer, Zitronensaft

Sauce
2 dl — saurer Halbrahm
2 Zweige — Dill, grob gehackt
— Salz und Pfeffer

Törtchen
½ Bund — Schnittlauch, fein geschnitten
15 Tranchen — Rauchlachs

Dekoration
— Zitrone, Zwiebelringe, Kapern, Dillsträusschen

Zubereitung
Crêpes-Teig
Alle Zutaten miteinander vermischen und mindestens 30 Minuten kühl stellen.

Meerrettichschaum und Sauce
Alle Zutaten miteinander vermengen.

Törtchen
Mit der Masse 5 Crêpes von ca. 20 cm Ø in einer Pfanne goldbraun ausbacken und gut auskühlen lassen. Mit einem runden Ausstecher von ca. 6,5 cm Ø 24 Böden ausstechen. Mit demselben Ausstecher nun auch den Rauchlachs ausstechen. Benötigt werden 20 Stück. Fünf Crêpeböden mit Meerrettichschaum fein bestreichen und mit Rauchlachs belegen. Aufeinanderschichten, mit einem Crêpe decken und leicht zusammenpressen.
Das Törtchen mit Meerrettichschaum bestreichen und mit dem geschnittenen Schnittlauch «panieren».

Anrichten
Auf einem Teller ein Bouquet aus saisonalen Salaten anrichten. Mit der Sauerrahmsauce einen Spiegel herrichten und das Törtchen daraufsetzen, wobei vorher ein Stück ausgeschnitten wird.
Mit Zitrone, Zwiebelringen, Kapern und Drillsträusschen ausgarnieren.

INGRÉDIENTS

TARTELETTE AU SAUMON FUMÉ AVEC SAUCE À L'ANETH

Pâte à crêpes

80 g	de farine
2 dl	de lait
0,5 dl	de crème entière
2	œufs
20 g	de beurre fondu
	sel et poivre

Mousse au raifort

1 dl	de crème entière fouettée
1 c.c.	de raifort râpé
	sel, poivre et jus de citron

Sauce

2 dl	de demi-crème acidulée
2 branchettes	d'aneth grossièrement hachées
	sel et poivre

Tartelette

½ bouquet	de ciboulette finement hachée
15 tranches	de saumon fumé

Décoration

citron, rouelles d'oignon, câpres, petit bouquet d'aneth

Préparation
Pâte à crêpes
Mélanger tous les ingrédients et placer au réfrigérateur pendant au moins 30 minutes.

Mousse au raifort et sauce
Mélanger tous les ingrédients.

Tartelette
Avec la pâte, confectionner 5 crêpes d'environ 20 cm Ø, faire dorer dans une poêle et bien laisser refroidir. A l'aide d'un emporte-pièce d'environ 6,5 cm Ø, découper 24 ronds. Avec le même emporte-pièce, recommencer l'opération avec le saumon de manière à obtenir 20 pièces. Etaler la mousse au raifort sur 5 fonds de crêpes, puis recouvrir de saumon fumé. Former des couches, terminer par une crêpe et presser légèrement.
Enrober la tartelette de mousse au raifort et «paner» de ciboulette hachée.

Mise en place
Sur une assiette, dresser un bouquet de salade de saison. Former un miroir avec la sauce à la crème acidulée et y déposer la tartelette, en découpant un morceau au préalable.
Garnir de citron, de rouelles d'oignon, de câpres et du petit bouquet d'aneth.

SMOKED SALMON TARTLETTES WITH SOUR CREAM DILL SAUCE

INGREDIENTS

Crêpes batter

80 g	flour
2 dl	milk
0,5 dl	cream
2	eggs
20 g	butter, melted
	salt and pepper

Horseradish mousse

1 dl	cream, whipped
1 tsp	horseradish, grated
	salt, pepper, lemon juice

Sour cream sauce

2 dl	low fat sour cream
2 sprigs	dill, coarsely chopped
	salt and pepper

Tartlettes

½ bunch	chives, finely sliced
15 slices	smoked salmon

Garnish

lemon, onion rings, capers, dill sprigs

Preparation
Crêpe batter
Mix together all ingredients and leave to cool for at least 30 minutes.

Horseradish mousse and sour cream sauce
Combine the ingredients as listed to make the foam and sauce.

Tartlettes
Make 5 golden brown crêpes of approximately 20 cm in diameter and leave to cool. Use a cutter to cut out 24 rounds of 6.5 cm in diameter from the crêpes and 20 rounds of the same size from the smoked salmon. Finely spread the horseradish mousse over 5 crêpes rounds. Cover each with a smoked salmon round, and then alternately layer with the crêpe rounds. Finish layering with a crêpe round on top, and then lightly press the layers together. Spread the outside of the tartlette with horseradish foam, and then roll in the chopped chives.

Presentation
Arrange a bouquet of seasonal salad on a plate. Pour out a small pool of sour cream sauce. Cut one slice from the tartlette, and then place the tartlette over the sauce. Garnish with lemon, onion rings, capers and dill sprigs.

QUASI D'AGNEAU EN
CROÛTE D'HERBES DES MONTAGNES
AU JUS DE PINOT NOIR

Préparation

Quasi d'agneau
Assaisonner les quasis et les saisir brièvement de tous les côtés.

Croûte d'herbes des montagnes
Bien mélanger tous les ingrédients, puis en recouvrir la viande. Faire rissoler au four à 250 °C (chaleur supérieure). Réserver pendant environ 3 minutes.

Jus de pinot noir
Réduire le pinot noir à ¼ et mouiller avec le fond d'agneau, assaisonner.

Pommes lyonnaises
Détailler les pommes de terre cuites en rondelles de 3 à 4 mm d'épaisseur, les faire sauter au beurre à rôtir, puis ajouter le beurre. Incorporer les oignons et assaisonner.

Présentation
Préchauffer les assiettes et y déposer le quasi sur la sauce en miroir, garnir de légumes. Servir les pommes de terre séparément dans un petit plat à gratin.

INGRÉDIENTS

Quasi d'agneau
4	quasis d'env. 160 g
	sel et poivre du moulin

Croûte d'herbes des montagnes
100 g	de chapelure
1	blanc d'œuf
50 g	de beurre fondu
10 g	d'huile d'olive
10 g	d'herbes hachées (thym, romarin, cerfeuil, marjolaine)
1 gousse	d'ail hachée

Jus de pinot noir
1 dl	de pinot noir
3 dl	de fond d'agneau
	sel et poivre

Pommes lyonnaises
600 g	de pommes de terre cuites
30 g	de beurre à rôtir
10 g	de beurre
50 g	d'oignon sauté doré
	sel et poivre

Accompagnement
Légumes selon les goûts

INGREDIENTS

Lamb saddle filet
4	lamb saddle filets of 160 g each
	salt and freshly ground pepper

Mountain herb crust
100 g	breadcrumbs
1	egg yolk
50 g	butter, melted
10 g	olive oil
10 g	mixed herbs, chopped (thyme, rosemary, chervil, marjoram)
1	garlic clove, chopped

Blauburgunder jus
1 dl	Pinot Noir
3 dl	lamb gravy
	salt and pepper

Lyon potatoes
600 g	potatoes, cooked
30 g	clarified butter
10 g	butter
50 g	onions, sautéed until golden
	salt and pepper

Side dish
vegetables according to taste

TENDER LAMB SADDLE FILET
WITH MOUNTAIN HERB CRUST,
AND BLUE BURGUNDY JUS

Preparation

Lamb saddle filets
Season the filets and briefly sear on all sides.

Mountain herb crust
Combine the ingredients well. Cover the meat with the crust mixture, and then broil in a 250 °C oven until nicely brown. Leave to rest at the edge of the stove for 3 minutes.

Blauburgunder jus
Boil the Pinot Noir until it has reduced to 1 dl. Pour in the lamb gravy and season to taste.

Lyon potatoes
Slice the potatoes into rounds of 3–4 mm thickness. Fry in the clarified butter and then add the other butter. Mix in the onions and season to taste.

Presentation
Spoon a pool of gravy onto a hot plate. Cover with the whole lamb saddle filet and garnish with the vegetables. Serve the potatoes separately in a small gratin dish.

Restaurant Carl Zuckmayer-Stube

ZARTES LAMMRÜCKENFILET MIT BERGKRÄUTERKRUSTE UND BLAUBURGUNDER-JUS

ZUTATEN

Lammrückenfilets
- 4 Lammrückenfilets à ca. 160 g
- Salz und Pfeffer aus der Mühle

Bergkräuterkruste
- 100 g Paniermehl
- 1 Eigelb
- 50 g flüssige Butter
- 10 g Olivenöl
- 10 g Kräuter, gehackt (Thymian, Rosmarin, Kerbel, Majoran)
- 1 Knoblauchzehe, gehackt

Blauburgunder-Jus
- 1 dl Pinot noir
- 3 dl Lammjus
- Salz und Pfeffer

Lyonerkartoffeln
- 600 g Kartoffeln, gekocht
- 30 g Bratbutter
- 10 g Butter
- 50 g Zwiebeln, braun sautiert
- Salz und Pfeffer

Beilage
- nach Belieben Gemüse

Zubereitung

Lammrückenfilets
Lammrückenfilets würzen und ringsum kurz heiss anbraten.

Bergkräuterkruste
Alle Zutaten gut miteinander vermischen. Das Fleisch damit abdecken und im Ofen bei 250 °C mit Oberhitze schön braun überbacken. Am Herdrand ca. 3 Minuten ruhen lassen.

Blauburgunder-Jus
Pinot noir auf ¼ einreduzieren und mit dem Lammjus auffüllen, würzen.

Lyonerkartoffeln
Kartoffeln in 3–4 mm dicke Scheiben schneiden, in Bratbutter anbraten und zum Schluss die Butter beigeben. Zwiebeln untermischen und würzen.

Anrichten
Das Lammfilet am Stück auf heissem Teller auf Saucenspiegel anrichten, mit Gemüse garnieren. Als Beilage in kleinem Gratinplättchen die Kartoffeln servieren.

Restaurant Carl Zuckmayer-Stube

GRATINIERTE WALDBEEREN AN HIMBEERGEIST-HONIG-MARINADE

ZUTATEN

Waldbeeren
100 g	Heidelbeeren
100 g	Brombeeren
100 g	Himbeeren
100 g	Johannisbeeren
1 El	Flüssighonig
10 g	Himbeergeist

Guss
4	Eigelb
60 g	Puderzucker
1 Prise	Salz
1 dl	Rahm, steif
4 Kugeln	Vanilleglace

Dekoration
einige	Pfefferminzblätter

Zubereitung

Waldbeeren
Die Beeren mit Honig und Himbeergeist 10 Minuten marinieren, gleichmässig auf tiefe Teller verteilen.

Guss
Eigelb und Zucker schaumig rühren, Rahm unterziehen und über die Beeren geben. Mit Oberhitze im vorgeheizten Ofen bei 250 °C gratinieren.

Anrichten
Eiskugel in die Mitte geben und mit Puderzucker und Pfefferminzblättern garnieren.

GRATIN DE BAIES DES BOIS À L'EAU-DE-VIE DE FRAMBOISE ET AU MIEL

INGRÉDIENTS

Baies des bois
100 g	de myrtilles
100 g	de mûres
100 g	de framboises
100 g	de groseilles
1 c.s.	de miel liquide
10 g	d'eau-de-vie de framboise

Liaison
4	jaunes d'œufs
60 g	de sucre en poudre
1 pincée	de sel
1 dl	de crème fouettée ferme
4 boules	de glace vanille

Décoration
quelques	feuilles de menthe du jardin

Préparation
Baies des bois
Macérer les baies pendant 10 minutes dans l'eau-de-vie de framboise additionnée de miel. Répartir ensuite dans des assiettes creuses.

Liaison
Battre les jaunes d'œufs et le sucre en mousse, incorporer la crème et verser l'appareil sur les baies. Gratiner au four préchauffé à 250 °C (chaleur supérieure).

Présentation
Garnir d'une boule de glace, saupoudrer de sucre glace et décorer de feuilles de menthe.

Im Sommergarten wird das Raclette vom Holzfeuer serviert. / Sur la terrasse, on sert la raclette au feu de bois. / In the summer garden, raclette is served directly from the log fire.

GRATINATED FOREST BERRIES IN A HONEY-RASPBERRY LIQUOR MARINADE

INGREDIENTS

Forest berries
100 g	blueberries
100 g	blackberries
100 g	raspberries
100 g	red currants
1 tsp	liquid honey
10 g	raspberry liquor

Custard
4	egg yolks
60 g	powder sugar
1 pinch	salt
1 dl	cream, whipped
4 scoops	vanilla ice cream

Garnish
several	peppermint leaves

Preparation
Forest Berries
Marinate the berries in the honey and raspberry liquor for 10 minutes, and then arrange the berries evenly in deep plates.

Custard
Whisk the egg yolk with the sugar until foamy. Fold in the whipped cream, and then pour over the berries. Gratinate in a 250 °C oven.

Presentation
Place the ice cream scoops in the middle of the plates, dust with powder sugar and garnish with peppermint leaves.

Beatrice Bumann, Gastgeberin, und Markus Ries, Küchenchef. / *Beatrice Bumann, tenancière, et Markus Ries, chef.* / *Beatrice Bumann, Host, and Markus Ries, Chef.*

«Hohnegg's Restaurant
& Gourmetstübli»

Natürliches Wohlbefinden im Mittelpunkt

Ein avantgardistisches Konzept sorgt für die harmonische und behagliche Atmosphäre, in welcher der Gast raffinierte und naturnahe Gerichte geniessen kann.

Nature et bien-être avant tout

Un concept avant-gardiste crée une atmosphère harmonieuse et agréable où il fait bon déguster des mets raffinés, inspirés de la nature.

With a focus on natural well-being

An avant-garde concept that ensures a harmonious and comfortable atmosphere in which guests can enjoy refined, nature-oriented cuisine.

PILZTIRAMISU MIT THYMIANBISKUIT

ZUTATEN

Pilztiramisu

1 TL	Agar Agar
500 g	frische Pilze (Champignons, Shiitake, Austernpilze, Steinpilze etc.)
1	kleine Zwiebel
1 dl	Weisswein
2 dl	Gemüsebrühe
500 ml	Rahm
nach Belieben	Salat
	Salz und Pfeffer

Thymianbiskuit

4	Eier
30 g	Zucker
30 g	Butter
100 g	Mehl
1 TL	Thymian
	Salz

Zubereitung
Pilztiramisu

Agar Agar in wenig Wasser mindestens 30 Minuten einweichen. Pilze grob schneiden und mit gewürfelten Zwiebeln anbraten. Mit dem Weisswein ablöschen und der Gemüsebrühe auffüllen. Kurz aufkochen lassen und danach im Mixer pürieren. Mit dem eingeweichten Agar Agar aufkochen und 2–3 Minuten kochen lassen. Mit Salz und Pfeffer kräftig abschmecken, zur Seite stellen und auskühlen lassen. Den Rahm fast steif schlagen und unter die ausgekühlte Pilzmasse heben. Vorsicht: Agar Agar geliert schon ab 42 °C! Die Masse auf eine mit Thymianbiskuit ausgelegte Form füllen und mindestens 1 Stunde kaltstellen. Zum Anrichten aus der Form nehmen und schneiden, mit Salat anrichten.

Thymianbiskuit

Eier mit dem Zucker aufschlagen. Mehl und Thymian untermischen und die Butter unterziehen. Flach auf ein mit Backpapier ausgelegtes Blech streichen und bei 220 °C backen.

TIRAMISU AUX CHAMPIGNONS
SUR BISCUIT AU THYM

INGRÉDIENTS

Tiramisu aux champignons

1 c.c.	d'agar-agar
500 g	de champignons frais (champignons de Paris, shiitake, pleurotes, bolets, etc.)
1	petit oignon
1 dl	de vin blanc
2 dl	de bouillon de légumes
500 ml	de crème
	salade selon les goûts
	sel et poivre

Biscuit au thym

4	œufs
30 g	de sucre
30 g	de beurre
100 g	de farine
1 c.c.	de thym
	sel

Préparation
Tiramisu aux champignons
Faire ramollir l'agar-agar dans un peu d'eau pendant au moins 30 minutes. Emincer grossièrement les champignons et les faire revenir avec l'oignon en cubes. Déglacer au vin blanc, puis mouiller avec le bouillon. Porter à ébullition, puis réduire immédiatement en purée au mixeur. Porter une nouvelle fois à ébullition avec l'agar-agar ramolli et faire cuire 2 à 3 minutes. Bien saler et poivrer, réserver et laisser refroidir. Fouetter la crème presque ferme, puis l'incorporer à l'appareil aux champignons refroidi. Attention: l'agar-agar se gélifie déjà à 42 °C! Foncer un plat avec le biscuit au thym, recouvrir de farce et placer au frais pendant au moins 1 heure. Démouler avant de servir. Couper et dresser avec un peu de salade.

Biscuit au thym
Battre les œufs et le sucre. Ajouter la farine, le thym, le beurre et un peu de sel. Abaisser sur une plaque recouverte de papier parchemin et cuire au four à 220 °C.

MUSHROOM TIRAMISU
WITH THYME BISCUIT

INGREDIENTS

Mushroom tiramisu

1 tsp	agar agar
500 g	fresh mushrooms (champignons, shiitake, oyster mushrooms, porcini mushrooms, etc.)
1	small onion
1 dl	white wine
2 dl	vegetable broth
500 ml	cream
	salad to taste
	salt and pepper

Thyme biscuit

4	eggs
30 g	sugar
30 g	butter
100 g	flour
1 tsp	thyme
	salt

Preparation
Mushroom tiramisu
Soften the agar agar in a small amount of water for at least 30 minutes. Roughly chop the mushrooms and sauté with the diced onions. Deglaze the pan with the white wine and add the vegetable broth. Boil briefly, then purée in the mixer. Add the softened agar agar, bring to a boil and simmer for 2–3 minutes. Season with salt and pepper. Set the mixture aside and leave to cool. Whip the cream until almost stiff, and then fold into the cooled mushroom mixture. Careful: agar agar will solidifies at 42 °C! Line a mould with the thyme biscuit, fill with the mushroom mixture and refrigerate for at least 1 hour. Turn from of the mould, slice and serve with the salad.

Thyme biscuit
Whisk the eggs with the sugar. Stir in the flour and the thyme, and then fold in the butter. Spread the mixture onto a baking sheet lined with parchment paper and bake at 220 °C.

KALBSSTEAK
MIT SCHWEIZER TRÜFFEL

ZUTATEN

Kalbssteak
4	Kalbssteaks
	Trüffelbutter
	Schweizer Trüffel
	Brotkrümel

Kartoffelknödel
1 kg	Kartoffeln (mehligkochend)
300 g	Kartoffelstärke
⅛ bis ¼ l	kochende Milch
	Salz und Pfeffer
	Muskat

Trüffelbutter
100 g	Butter
20 g	Schalotten
30 g	Trüffel
	Salz und Pfeffer
etwas	Trüffelöl oder Trüffelpaste

Zubereitung

Kalbssteak

Kalbssteak braten und auf ein Blech zum Gratinieren legen. Mit Brotkrümel bestreuen und mit Trüffelbutterscheiben belegen. Unter dem Salamander gratinieren und anrichten.

Kartoffelknödel

Kartoffeln in der Schale kochen. Noch heiss schälen und durchpressen. Mit Salz, Pfeffer und Muskatnuss würzen und mit dem Kartoffelmehl mischen. Die kochende Milch dazugeben und durchmengen. Je nach Stärkegehalt der Kartoffeln etwas Milch oder Kartoffelstärke dazugeben, bis eine glatte Masse entsteht. Aus der Kartoffelmasse kleine Knödel abdrehen und in Salzwasser ca. 5–10 Minuten ziehen lassen. Es empfiehlt sich, einen Probekloss zu machen.

Trüffelbutter

Schalotten fein würfeln und mit fein gewürfeltem Trüffel leicht anschwitzen und auskühlen lassen. Die Butter aufschlagen, mit Schalotten/Trüffel mischen und mit wenig Trüffelöl oder Trüffelpaste abschmecken.

STEAK DE VEAU
AUX TRUFFES SUISSES

INGRÉDIENTS

Steak de veau

4	steaks de veau
	beurre aux truffes
	truffes suisses
	panure

«Knödel» aux pommes de terre

1 kg	de pommes de terre farineuses
300 g	de fécule de pomme de terre
⅛ à ¼ l	de lait bouillant
	sel et poivre
	muscade

Beurre aux truffes

100 g	de beurre
20 g	d'échalote
30 g	de truffes
	sel et poivre
un peu	d'huile aromatisée à la truffe ou de pâte de truffe

Préparation

Steak de veau

Rôtir les steaks de veau et les déposer sur un plat à gratin. Saupoudrer de panure et garnir de tranches de beurre aux truffes. Faire gratiner sous la salamandre, puis dresser.

«Knödel» aux pommes de terre

Cuire les pommes de terre en robe des champs. Les peler à chaud et les écraser. Assaisonner avec du sel, du poivre, de la noix de muscade et ajouter la fécule de pomme de terre. Verser le lait bouillant sur l'appareil et mélanger. Suivant la consistance, ajouter soit un peu de lait, soit un peu de fécule jusqu'à obtention d'une pâte lisse. Former de petites boules de pâte et les cuire à l'eau salée frémissante pendant environ 5 à 10 minutes. Rectifier l'assaisonnement si nécessaire.

Beurre aux truffes

Hacher finement l'échalote et la faire suer légèrement avec la truffe coupée en petits dés, puis laisser refroidir. Battre le beurre et le mélanger avec l'échalote et la truffe, assaisonner avec un peu d'huile ou de pâte à la truffe.

VEAL STEAK
WITH SWISS TRUFFLES

INGREDIENTS

Veal steak

4	veal steaks
	truffle butter
	swiss truffles
	white breadcrumbs

Potato dumplings

1 kg	potatoes (mealy)
300 g	potato starch
⅛ to ¼ l	boiling milk
	salt and pepper
	nutmeg

Truffle butter

100 g	butter
20 g	shallots
30 g	truffles
	salt and pepper
small amount	of truffle oil or truffle paste

Preparation

Veal steaks

Fry the veal steaks, then place on a baking sheet. Sprinkle with the breadcrumbs and cover with slices of the truffle butter. Gratinate under the salamander, and then serve.

Potato dumplings

Boil the potatoes in their skins. Peel while still hot and squeeze through a potato ricer. Season with salt, pepper and nutmeg. Add the potato starch, then stir in the boiling milk. Add more milk or potato starch according to the mealyness of the potatoes. Blend until a smooth mass results. Twist small dumplings from the dough and steep in salted water for 5–10 minutes. We recommend making a practice dumpling first.

Truffle butter

Finely dice the shallot and lightly sauté with the finely chopped truffles. Leave to cool. Whip the butter, mix with the shallots and truffles, and then season with a small amount of truffle oil or truffle paste.

SOUPE GLACÉE À LA COURGE

INGRÉDIENTS

Soupe glacée à la courge
- courge musquée
- eau
- sucre
- anis étoilé, cardamome ou cannelle

Glace à la courge
- 130 g de sucre
- 50 ml d'eau
- 125 g de crème fraîche
- 250 g de pulpe de courge
- 5 jaunes d'œufs
- 125 g de lait
- 20 ml d'amaretto

Pulpe de courge
- 125 g de courge pelée
- 25 g de lait
- 25 g de crème fraîche

Parfait à la courge
- 80 g de jaune d'œuf
- 60 g d'huile de graines de courge
- 90 g de blanc d'œuf
- 170 g de sucre
- 320 g de crème fouettée ferme
- évent. 80 g de graines de courge concassées (croquant)
- extrait de vanille
- sel

Beatrice Bumann und / et / and Irma Dütsch.

Préparation

Soupe glacée à la courge
Mettre la courge dans une casserole, recouvrir d'eau et cuire jusqu'à tendreté. Réduire en purée, arroser de sirop de sucre (même quantité d'eau que de sucre) et ajouter des épices selon les goûts. Servir bien frais. La soupe se conserve quelques jours au réfrigérateur.

Glace à la courge
Faire un caramel clair avec l'eau et le sucre et laisser refroidir. Mélanger ensuite à la pulpe de courge et à la crème fraîche. Incorporer le jaune d'œuf et le lait, puis lier le tout. Placer dans la sorbetière.

Pulpe de courge
Cuire la courge additionnée de tous les ingrédients jusqu'à tendreté et réduire en purée.

Parfait à la courge
Battre le jaune d'œuf et l'huile de graines de courge comme une mayonnaise, ajouter un peu de vanille et une pincée de sel. Battre le blanc d'œuf ferme avec le sucre. Incorporer le blanc d'œuf et la crème à l'appareil, ajouter les graines de courge (ou le croquant) selon les goûts, verser dans un moule et placer au congélateur.

ICED PUMPKIN SOUP

INGREDIENTS

Iced pumpkin soup
- nutmeg pumpkin
- water
- sugar
- star anise, cardamom or cinnamon

Pumpkin ice cream
- 130 g sugar
- 50 ml water
- 125 g crème fraîche
- 250 g pumpkin flesh
- 5 egg yolks
- 125 g milk
- 20 ml amaretto

Pumpkin marrow
- 125 g peeled pumpkin
- 25 g milk
- 25 g crème fraîche

Pumpkin parfait
- 80 g egg yolks
- 60 g pumpkin oil
- 90 g egg whites
- 170 g sugar
- 320 g cream, whipped
- 80 g candied pumpkin seeds as desired
- vanilla extract
- salt

Preparation

Iced pumpkin soup
Cook the nutmeg pumpkin in water until soft, using a ratio of 1 part water to 1 part pumpkin, and then purée. Mix with sugar water (1 part water to 1 part sugar) until the desired sweetness is reached, and then season according to taste with star anis, cardamom or cinnamon. Serve cold. The soup will keep in the refrigerator for several days.

Pumpkin ice cream
Caramelise the sugar with the water until lightly golden. Leave to cool slightly. Mix with the pumpkin marrow and the crème fraîche. Add the egg yolk and milk and simmer until just thickened. Freeze in the ice cream maker.

Pumpkin marrow
Mix the pumpkin with the other ingredients, cook until soft, and then blend.

Pumpkin parfait
Beat the egg yolks and the pumpkin oil together as if to make a mayonnaise. Add the vanilla and a pinch of salt. Whisk the egg whites with the sugar until stiff. Fold the egg whites and whipped cream into the yolk mixture, and then stir in the candied pumpkin seeds as desired. Fill a mould with the mixture and freeze.

GEEISTE KÜRBISSUPPE

ZUTATEN

Geeiste Kürbissuppe
Muskatkürbis
Wasser
Zucker
Sternanis, Kardamom
oder Zimt

Kürbisglace
130 g   Zucker
50 ml   Wasser
125 g   Crème fraîche
250 g   Kürbismark
5   Eigelb
125 g   Milch
20 ml   Amaretto

Kürbismark
125 g   Kürbis geschält
25 g   Milch
25 g   Crème fraîche

Kürbisparfait
80 g   Eigelb
60 g   Kürbisöl
90 g   Eiweiss
170 g   Zucker
320 g   Rahm, steif
evtl. 80 g   Kürbiskerne, gemahlen (Krokant)
         Vanille-Extrakt
         Salz

Zubereitung

Geeiste Kürbissuppe
Muskatkürbis und Wasser im Verhältnis 1:1 zusammen weich kochen, danach alles pürieren und mit Läuterzucker (Wasser und Zucker im Verhältnis 1:1) und nach Belieben mit Gewürzen wie Sternanis, Kardamom oder Zimt abschmecken, bis gewünschte Süsse erreicht ist. Gut gekühlt servieren. Die Suppe ist einige Tage im Kühlschrank haltbar.

Kürbisglace
Zucker mit Wasser hell karamellisieren und etwas auskühlen lassen. Mit dem Kürbismark und der Crème fraîche mischen. Eigelb und Milch dazugeben und alles zur Rose abziehen. In der Eismaschine gefrieren.

Kürbismark
Kürbis mit allen Zutaten weich kochen und mixen.

Kürbisparfait
Eigelb und Kürbisöl aufschlagen wie Mayonnaise, etwas Vanille und eine Prise Salz dazugeben. Das Eiweiss mit dem Zucker steif schlagen. Eiweiss und Rahm unter die Eigelbmasse ziehen, nach Belieben Kürbiskerne (bzw. Krokant) darunter mischen, in eine Form abfüllen und gefrieren.

Hohnegg's Fonduehütte

«Hohnegg's Fonduehütte»

Gemütlichkeit pur
Urchig. Einzigartig in Saas-Fee. Walliser Hüttenromantik und Kerzenlicht, Käsefondue oder Raclette, dazu ein guter Tropfen Walliser Wein. Da kommt man sich näher.

Pure détente
Un endroit authentique et unique à Saas-Fee. Déguster une bonne fondue ou une raclette à la lueur des bougies et laisser opérer le charme romantique du mazot valaisan. Ici, l'atmosphère est conviviale et les crus font honneur aux encaveurs régionaux.

Warmth and friendliness
A unique yet traditional restaurant with the charm of a Valais mountain cottage. It is the perfect place to have a romantic candlelit dinner of raclette or fondue and a good Valais wine. Come together over a wonderful meal.

HOHNEGG'S KÄSE-FONDUE

ZUTATEN

800–1000 g	Käse, geraffelt (ca. 300 g Freiburger Vacherin, 600 g Greyerzer und 100 g Walliser Bergkäse)
4 dl	Weisswein, z.B. Fendant
1–2 TL	Maisstärke
1	Knoblauchzehe
nach Belieben	Kirsch
	frisches Parisette oder Weissbrot

Zubereitung

Käse mit der Maisstärke mischen. Das Fondue-Caquelon mit der Knoblauchzehe ausreiben, nach Belieben den Knoblauch klein schneiden und ins Fondue geben. Wein und den Käse ins Caquelon geben, etwas mischen und unter stetigem 8-er-Rühren aufkochen lassen. Falls das Fondue zu dünn ist, kann es noch mit etwas Maisstärke (z.B. mit Kirsch angerührt) abgebunden werden. Sofort servieren.

FONDUE AU FROMAGE FAÇON HOHNEGG

INGRÉDIENTS

800–1000 g	de fromage râpé (env. 300 g de vacherin fribourgeois, 600 g de gruyère et 100 g de fromage d'alpage valaisan)
4 dl	de vin blanc, p. ex. fendant
1–2 c.c.	de fécule de maïs
1 gousse	d'ail
	kirsch, selon les goûts
	baguette ou pain blanc frais

Préparation

Mélanger la fécule de maïs avec le fromage. Frotter le caquelon à fondue avec l'ail; selon les goûts hacher la gousse et l'ajouter. Mettre le fromage et le vin dans le caquelon, mélanger un peu et porter à ébullition en brassant sans cesse en huit. Si la consistance est trop liquide, ajouter un peu de fécule (p. ex. diluée dans du kirsch). Servir immédiatement.

HOHNEGG'S CHEESE FONDUE

INGREDIENTS

800–1000 g	cheese, grated (approx. 300 g Freiburg Vacherin, 100 g Valais mountain cheese and 600 g Gruyere cheese)
4 dl	white wine, e.g. Fendant
1–2 tsp	corn starch
1 clove	garlic
	kirsch to taste
	fresh baguette or white bread

Preparation

Mix the cheese with the cornstarch. Rub the inside of the fondue pot with garlic, then finely chop the clove and add to the fondue if desired. Pour the wine into the pot, add the cheese, and bring to a boil, stirring constantly. If the fondue is too thin, use more of cornstarch (or a mixture of cornstarch and kirsch) to thicken. Serve immediately.

Bäckerei
Konditorei
Confiserie
Tea-Room

Imseng

Lukas Imseng (rechts), Geschäftsinhaber, mit dem Imseng-Team in seinem öffentlichen Bäckermuseum. / Lukas Imseng, propriétaire (à droite), avec son équipe dans son musée du pain ouvert au public. / Lukas Imseng (right), Owner, with the Imseng team in his public baking museum.

«Bäckerei Konditorei Confiserie Tea-Room Imseng»

Traditionelle Bäckerkunst
Walliserbrot in allen Variationen, aber auch andere Backwaren, ob süss oder salzig. Kunstvolle Torten, köstliche Pralinen – mit dem Backstubenversand sogar weltweit! Sorgfältig und nur in kleinen Mengen wird hier auch das heimische Gletscherbräu gebraut. Die höchstgelegene Brauerei in Europa.

Maître-boulanger et brasseur
Le pain de seigle valaisan sous toutes ses formes, mais aussi tant d'autres délices sucrées ou salées. Gâteaux exquis et pralinés gourmands, livrables dans le monde entier! On y brasse aussi avec délicatesse la bière locale des glaciers, hélas, en quantité limitée uniquement. La brasserie la plus haute d'Europe.

The art of traditional baking
Valais bread in all its variations, as well as sweet and savoury baked goods, elaborate cakes and delicious chocolates – which can be shipped worldwide! The local glacier beer is also brewed here, with great care and in limited quantities only. Europe's highest brewery.

WALLISER ROGGENBROT

ZUTATEN

Hebel
- 250 g Wasser
- 10 g Hefe
- 350 g Roggenmehl

Teig
- 500 g Wasser
- 25 g Hefe
- 25 g Salz
- 800 g Roggenschrot

Varianten
- 20 g Baumnüsse, grob gehackt

oder
- 20 g getrocknete Aprikosen

Ergibt 4 Stück

Zubereitung

Hebel
Die Zutaten für den Hebel zusammen mischen und ca. 9 Stunden bei 12 °C gären lassen. Dadurch gibt es einen sauren Geschmack.

Hauptteig
Den Hebel mit den übrigen Zutaten zu einem gut gekneteten Teig verarbeiten. 40 bis 60 Minuten bei Zimmertemperatur gären lassen. Den Teig in die gewünschten Gewichtsgrössen abwägen und rundwirken. Stücke allseits im Roggenmehl drehen und mit Schluss nach unten auf gestaubtes Backblech absetzen. Etwas flachdrücken und nochmals gehen lassen. Die richtige Stückgare zeigt sich an gleichmässigen Rissen, welche an der Oberfläche entstehen. 1 Stunde lang bei 220 °C backen.

Varianten
Baumnüsse oder getrocknete Aprikosen zusätzlich zum Teig geben.

Das Roggenbrot ist erst nach einem Tag schnittfest.

PAIN DE SEIGLE VALAISAN

INGRÉDIENTS

Levain
250 g   d'eau
10 g   de levure
350 g   de farine de seigle

Pâte
500 g   d'eau
25 g   de levure
25 g   de sel
800 g   de gruau de seigle

Variantes
20 g   de noix concassées
ou
20 g   d'abricots secs

Pour 4 miches

Préparation
Levain
Mélanger les ingrédients pour le levain, puis laisser fermenter pendant environ 9 heures à 12 °C. C'est ce qui confère à cette pâte son goût un peu acide.

Pâte
Mélanger le levain aux autres ingrédients et pétrir vigoureusement. Laisser lever 40 à 60 minutes à température ambiante.
Partager la pâte en morceaux de la taille souhaitée et former des miches. Les rouler dans la farine de seigle, puis les déposer sur une plaque à gâteau farinée, le plus beau côté vers le haut. Aplatir légèrement et laisser reposer une nouvelle fois. La bonne durée de fermentation se voit par les fentes régulières qui se forment à la surface de la pâte. Cuire une heure au four à 220 °C.

Suggestion
Ajouter des noix ou des abricots séchés à la pâte.

Attendre une journée avant d'entamer le pain.

VALAIS RYE BREAD

INGREDIENTS

Sponge
250 g   water
10 g   yeast
350 g   rye flour

Dough
500 g   water
25 g   yeast
25 g   salt
800 g   cracked rye flour

Variations
20 g   walnuts, roughly chopped
or
20 g   dried apricots

Makes 4 loaves

Preparation
Sponge
Mix the ingredients for the sponge and leave to rise for approximately 9 hours at 12 °C. This will result in a sour flavour.

Dough
Mix the sponge with the dough ingredients and knead well. Leave to rise for 40–60 minutes at room temperature. Divide the dough into the desired weights and form into rounds. Coat on all sides in rye flour and place on a floured baking sheet. Flatten slightly and leave to rise again until the surface of the dough shows even cracks. Bake in a 220°C oven for 1 hour.

Variations
Add walnuts or dried apricots to the dough.

The rye bread is ready for slicing after one day.

SAASER WILLIAMSTORTE

ZUTATEN

Schokoladebiskuit
150 g Eier (3 Stück)
100 g Zucker
90 g Mehl
10 g Kakaopulver

Schokoladeschaumcreme
100 g Eiweiss
100 g Zucker
100 g Schokolade
30 g Williams (Schnaps)
250 g Rahm, steif

Füllung
2 Birnen, weich gekocht
etwas Birnensaft

Dekoration
Schokoladenstreusel

Zubereitung
Schokoladebiskuit
Eier und Zucker aufwärmen und schaumig schlagen. Mehl und Kakaopulver absieben und vorsichtig dazugeben. In einen Tortenring von 26 cm Ø geben, bei 200 °C backen.

Schokoladeschaumcreme
Eiweiss und Zucker leicht aufwärmen und schaumig schlagen. Die Schokolade schmelzen und zusammen mit dem Williams-Schnaps unter die Ei-Zucker-Masse geben. Rahm steif schlagen und sorgfältig unterziehen.

Herstellung
Biskuitböden zweimal durchschneiden. Ein Drittel der Creme einfüllen. Die gekochten Birnenschnitze darauf verteilen und mit der zweiten Biskuitlage abdecken. Mit Birnensaft tränken und wieder Creme einfüllen, mit Birnenschnitzen belegen und glattstreichen. Dritten Boden aufsetzen und mit Creme bestreichen. Torte ringsum mit etwas Creme bestreichen und den Rand mit Schokoladestreusel einstreuen. Die Torte mit Rahm und glasierten Birnenschnitzen dekorieren.

GÂTEAU DE SAAS À L'EAU-DE-VIE DE WILLIAMS

INGRÉDIENTS

Biscuit au chocolat
150 g d'œuf (3 œufs)
100 g de sucre
90 g de farine
10 g de cacao en poudre

Mousseline au chocolat
100 g de blanc d'œuf
100 g de sucre
100 g de chocolat
30 g d'eau-de-vie de Williams
250 g de crème fouettée ferme

Fourrage
1 poire bien tendre en lamelles
un peu de jus de poires

Décoration
vermicelles de chocolat

Préparation
Biscuit au chocolat
Chauffer les œufs et le sucre, puis battre en mousse. Tamiser la farine et le cacao en poudre, puis incorporer délicatement. Verser dans un moule à manquer de 26 cm Ø et cuire au four à 200 °C.

Mousseline au chocolat
Chauffer légèrement le blanc d'œuf et le sucre, puis monter en mousse. Faire fondre le chocolat et incorporer à la mousse en même temps que l'eau-de-vie de Williams. Fouetter la crème ferme et l'ajouter délicatement.

Finition
Couper le biscuit en trois couches. Etaler un tiers de la mousseline sur la première couche et parsemer de lamelles de poire cuite, puis recouvrir avec la deuxième couche de biscuit. Mouiller le biscuit de jus de poires et le recouvrir du deuxième tiers de mousseline en lissant bien. Placer la troisième couche et la recouvrir de mousseline également. Enduire le tour du gâteau avec de la mousseline réservée et le décorer de vermicelles de chocolat. Garnir le dessus du gâteau de crème fouettée et de tranches de poire glacées.

SAAS-STYLE WILLIAMS TORTE

INGREDIENTS

Chocolate biscuit
150 g eggs (3)
100 g sugar
90 g flour
10 g cocoa powder

Chocolate cream
100 g egg whites
100 g sugar
100 g chocolate
30 g Williams (schnapps)
250 g cream, whipped

Filling
2 pears, soft boiled
some pear juice

Garnish
chocolate sprinkles

Preparation
Chocolate biscuit
Warm the eggs and the sugar over a water bath and whisk until foamy. Sieve the cocoa powder and carefully add to the mix. Bake in a cake ring of 26 cm in diameter at 200 °C.

Chocolate cream
Warm the egg whites and sugar over a water bath and whisk until foamy. Melt the chocolate and stir into the egg mixture along with the Williams schnapps. Whip the cream and carefully fold into the mass.

Torte
Slice the biscuit twice through the middle for the torte layers. Spread the first layer with one third of the chocolate cream and cover with the cooked pear slices. Place the second biscuit layer over the top, soak with the pear juice, cover with more chocolate cream and smooth. Place the third biscuit layer over the top and cover with cream. Spread some of the chocolate cream over the sides of the torte and dust around the edges with the chocolate sprinkles. Decorate the torte with whipped cream and glazed pear slices.

INGRÉDIENTS

1 dl	de crème
250 g	de chocolat au lait
0,2 dl	de marc de Dôle
30 g	de beurre bien ramolli
100 g	de chocolat au lait
	sucre glace

Pour environ 40 truffes

Préparation

Porter la crème à ébullition. Concasser le chocolat au lait tempéré, l'incorporer à la crème bouillante et brasser jusqu'à obtention d'une préparation lisse exempte de bulles d'air ou de pépites de chocolat. Ajouter le marc de Dôle et le beurre. Lorsque la crème épaissit légèrement, à l'aide d'une douille lisse, disposer de petits tas sur un papier parchemin. Sitôt les petits tas solidifiés, former des boules à la main. Laisser, si possible, reposer une journée. Faire délicatement fondre une plaque de chocolat au bain-marie, jusqu'à 30 °C. L'eau ne doit surtout pas couler dans le chocolat. A la main, enrober chaque truffe de chocolat, puis les rouler dans le sucre glace. Laisser reposer une heure avant de les emballer. Conservées dans un endroit frais et sec, les truffes se gardent environ un mois.

TRUFFES AU LAIT
AU *MARC DE DÔLE*
FAÇON IMSENG

MARC DE DÔLE MILK TRUFFLES
IMSENG-STYLE

Preparation

Boil the cream. Chop the chocolate bar (shouldn't be cold) and stir into the hot cream until smooth and no air bubbles or chocolate pieces remain. Mix in the Marc de Dole and the butter. Once the mass has thickened slightly, fill a pastry bag with the mixture and squeeze out small mounds onto parchment paper. When the mounds have firmed, form into truffle shapes by hand. If possible, leave to rest for 1 day.

Carefully melt the chocolate bar to over a water bath to 30°C, taking care not to spill any water into the mixture. Glaze each truffle by hand with the chocolate, and then roll in the powder sugar. Leave to rest for 1 hour, after which time the truffles are ready for packaging. The truffles can be stored in a cool, dry place for up to 1 month.

INGREDIENTS

1 dl	cream
250 g	milk chocolate
0.2 dl	Marc de Dole
30 g	butter, very soft
100 g	milk chocolate
	powder sugar

Makes approximately 40 truffles

MILCH-TRUFFES
«MARC DE DÔLE»
NACH IMSENG-ART

ZUTATEN

1 dl	Rahm
250 g	Milchschokolade
0,2 dl	Marc de Dôle
30 g	Butter, sehr weich
100 g	Milchschokolade
	Puderzucker

Ergibt ca. 40 Stück

Zubereitung

Den Rahm aufkochen. Die Milchschokolade (nicht kalt) hacken und in den heissen Rahm so lange einrühren, bis die Masse glatt ist. Es dürfen keine Luftblasen oder Schokoladestückchen mehr zu sehen sein. Marc de Dôle und die Butter in die Masse einrühren. Wenn diese leicht fest wird, mit einer glatten Tülle Tupfen auf ein Backpapier dressieren. Sobald die Tupfen erstarrt sind, von Hand zu Kugeln formen. Wenn möglich einen Tag lang stehen lassen. Eine Tafel Schokolade im Wasserbad vorsichtig schmelzen, bis 30 °C. Es darf kein Wasser in die Schokolade rinnen. Die Kugeln einzeln von Hand mit Schokolade überziehen und im Puderzucker rollen. Etwa 1 Stunde ruhen lassen, dann können sie verpackt werden. Kühl und trocken gelagert bleiben die Truffes ca. einen Monat haltbar.

Bäckerei Imseng

CARRÉ DE COCHON
DE LAIT À LA BIÈRE DES GLACIERS

INGRÉDIENTS

1 kg	de carré de cochon de lait
	sel aux herbes
	beurre à rôtir
	mirepoix
3 dl	de bière des glaciers
1	petit chou frisé détaillé en cubes
4	pommes de terre farineuses détaillées en cubes
un peu	de lait
un peu	de crème
	sel et poivre
1	échalote
8	jeunes poireaux
4	carottes glacées
100 g	de haricots verts en tronçons

Préparation

Blanchir le chou, puis le faire mijoter avec les pommes de terre dans un peu de lait et de crème, saler et poivrer. Cuire le poireau, les carottes et les haricots à l'eau salée frémissante, puis rafraîchir.
Enduire la viande de sel aux herbes avant de la saisir au beurre à rôtir dans une poêle jusqu'à coloration. La déposer ensuite dans une cocotte la peau vers le haut, ajouter le mirepoix et faire ainsi rôtir pendant 10 minutes au four à 200 °C. Déglacer avec 2 dl de bière, arroser régulièrement et faire rôtir encore 10 minutes, puis réserver au chaud. Passer le jus de cuisson à base de bière, faire légèrement réduire, rectifier l'assaisonnement et, si nécessaire, diluer avec du bouillon de légumes. Sauter les légumes au beurre et dresser avec le mélange de pommes de terre et de chou. Découper la viande en tranches et en côtelettes, disposer sur les légumes et napper de jus.

Werner Manger und Lukas Imseng,
Bierbrauer / *brasseurs* / Brewer.

RACK OF SUCKLING PIG
WITH GLACIER BEER

INGREDIENTS

1 kg	suckling pig racks
	herbed salt
	clarified butter
	mirepoix
3 dl	glacier beer
1	small flowering cabbage, cut into cubes
4	mealy potatoes, diced
some	milk
some	cream
	salt and pepper
1	shallot
8	young leek stalks
4	carrots, glazed
100 g	runner beans, sliced

Preparation

Blanche the cabbage and cook with the potatoes in the milk and cream. Season with salt and pepper. Boil the leeks, carrots and beans in salted water and plunge into cold water to cool. Rub the meat with the herbed salt and brown in clarified butter. Place the meat skin side up in a baking dish. Add the mirepoix and bake in a 200 °C oven for 10 minutes. Deglaze with 2 dl beer and baste continuously. Keep warm. Pass the beer and roasting juices through a sieve, simmer, season to taste and top up with vegetable broth if necessary. Sauté the vegetables in butter and serve with the cabbage and potatoes. Cut the meat into slices/chops and arrange over the vegetables. Serve the gravy separately.

KARREE VOM SPANFERKEL
MIT GLETSCHERBIER

ZUTATEN

1 kg	Spanferkel-Karree
	Kräutersalz
	Bratbutter
	Mirepoix
3 dl	Gletscherbier
1	kleiner Krausekohl, in Würfel geschnitten
4	Kartoffeln, mehlig kochend, in Würfeln
etwas	Milch
etwas	Rahm
	Salz und Pfeffer
1	Schalotte
8	junge Lauchstängel
4	Karotten, glaciert
100 g	Stangenbohnen, in Stücke geschnitten

Zubereitung

Den Kohl blanchieren, dann mit den Kartoffeln zusammen in etwas Milch und Rahm garen, mit Salz und Pfeffer würzen. Lauch, Karotten und Bohnen in Salzwasser garen und in kaltem Wasser abschrecken.

Das Fleisch mit Gewürzsalz einreiben, in der Bratpfanne in Bratbutter schön bräunen. Mit der Haut nach oben in eine Cocotte geben, Mirepoix zugeben und bei 200 °C 10 Minuten braten lassen. Mit 2 dl Bier ablöschen und immer wieder arrosieren, nochmals 10 Minuten braten lassen, warmstellen. Den Bierbratsaft passieren, etwas einkochen, abschmecken und wenn nötig mit etwas Gemüsebrühe strecken.

Das Gemüse in Butter sautieren und mit den Kohlkartoffeln anrichten. Das Fleisch in Scheiben/Koteletten schneiden, auf dem Gemüse anrichten, Jus dazu reichen.

Das Grand Hotel auf einem Gemälde. / Un tableau du Grand Hotel. / A painting of the Grand Hotel.

Ursula und / et / and Hans Hess, Gastgeber / tenanciers / Hosts.

«Grand Hotel Metropol»

Geniessen und schwelgen
Kulinarische Höhepunkte im Feng-Shui-Restaurant, auch für Vegetarier. Tête à tête mit den schönen Dingen dieser Welt, sich einfinden in bester Gesellschaft und internationaler Haute Cuisine, zelebriert mit einem gesunden Schuss Lokalpatriotismus.

Tentations gourmandes
Harmonie des saveurs dans ce restaurant feng shui qui séduit aussi les hôtes végétariens. Pour un tête-à-tête avec les belles choses de la vie, en agréable compagnie, cette bonne table a su trouver le juste équilibre entre haute cuisine internationale et spécialités locales.

Enjoy and indulge
The Feng Shui restaurant serves culinary delicacies and delicious vegetarian dishes. Enjoy the finer things in life in the intimate setting of like-minded company and international haute cuisine, celebrated with a healthy dose of local flavour.

TERRINE DE TOMATES ET MOZZARELLA

Préparation

La veille, entailler les tomates au sommet et à la base, puis les placer au congélateur. Le lendemain, les suspendre dans un linge de cuisine et les laisser égoutter toute une journée. Déposer les tomates sur une plaque recouverte de papier parchemin et parsemer de thym et de romarin. Saupoudrer de fleur de sel et arroser d'huile d'olive, puis glisser au four à 60 °C pendant 6 heures.

Faire ramollir la gélatine dans de l'eau froide, l'essorer et la liquéfier dans un peu de jus de tomates. Couper la mozzarella dans la longueur, puis la déposer sur un linge de cuisine. Chemiser de cellophane un moule à cake extensible, ouvert au maximum. Procéder par couches: jus de tomates, tomates, jus de tomates, basilic, jus de tomates, mozzarella, etc. Lorsque le moule est rempli à ras, recouvrir de cellophane et placer au réfrigérateur pendant une journée.

INGRÉDIENTS

2,5 dl	de jus de tomates clair (env. 4 tomates)
5 feuilles	de gélatine
8	tomates pelées
270 g	de mozzarella
env. 30 feuilles	de basilic
un peu	de pesto aux tomates
un peu	de pesto au basilic

TOMATO MOZZARELLA TERRINE

Preparation

Slice into the tomatoes at the top and bottom, and then freeze. Remove from the freezer the next day, and then hang in a towel for one full day to drain the juices. Place the tomatoes on a baking sheet and cover with parchment paper. Sprinkle with thyme and rosemary. Drizzle with Fleur de del sel sea salt and olive oil. Bake in a 60 °C for 6 hours. Remove from the oven and place on a kitchen towel to dry. Soften the gelatine in cold water, remove, and then squeeze out any excess water. Dissolve the gelatine in a small amount of the juice. Slice the mozzarella lengthwise and place on another kitchen towel. Line a cake pan with plastic wrap. Fill the pan with layers of the ingredients in the following order: juice, tomatoes, juice, basil, juice, mozzarella. Once the pan has been filled, leave to rest in the refrigerator for one day.

INGREDIENTS

2,5 dl	clear tomato juice (about 4 tomatoes)
5 leaves	gelatine
8	peeled tomatoes
270 g	mozzarella
approx. 30	basil leaves
small amount	of tomato pesto
small amount	of basil pesto

TOMATEN-MOZZARELLA-TERRINE

ZUTATEN

2,5 dl	klarer Tomatensaft (ca. 4 Tomaten)
5 Blatt	Gelatine
8	Tomaten geschält
270 g	Mozzarella
ca. 30 Blätter	Basilikum
etwas	Tomaten-Pesto
etwas	Basilikum-Pesto

Zubereitung

Tomaten oben und unten einschneiden, dann einfrieren, am Folgetag in einem Tuch einen Tag lang abhängen und abtropfen lassen.

Die restlichen Tomaten auf ein Backblech mit Backpapier legen und mit Thymian und Rosmarin belegen. Mit Fleur de sel und Olivenöl beträufeln und ca. 6 Stunden bei 60 °C in den Backofen schieben. Dann auf ein Küchentuch legen und trocknen lassen.

Die Gelatine mit kaltem Wasser einweichen, dann ausdrücken und mit etwas Tomatensaft verflüssigen. Den Mozzarella der Länge nach aufschneiden und auch auf ein Küchentuch legen. Eine Cakeform ganz aufschieben und eine Klarsichtfolie hineinlegen. Schicht für Schicht einsetzen: Saft – Tomate – Saft – Basilikum – Saft – Mozzarella…

Wenn die Form voll ist, abschliessen und einen Tag lang im Kühlschrank stehen lassen.

PATA-NEGRA-FILET IM WALLISERSPECK-MANTEL MIT DREIERLEI KARTOFFELPÜREE

ZUTATEN

Pata-negra-Filet im Speckmantel

600 g	Pata-negra-Filets
60 Tranchen	Walliser Speck, dünn geschnitten
etwas	Rosmarin
	Bratbutter
	Weissmehl zum Stäuben

Dreierlei Kartoffelpüree

600 g	Süsskartoffel, rotfleischig
600 g	lila Kartoffeln
600 g	Kartoffeln, Nicola
nach Bedarf	Milch
etwas	Rahm

Mini-Gemüse

10	Mini-Karotten
5	Mini-Zucchetti
5	Mini-Patisson (Kürbis)
	Salz
etwas	Butter

Zubereitung

Pata-negra-Filet im Speckmantel

Pata negra stäuben und in Fettstoff und Rosmarin anbraten, kurz kaltstellen. Eine Klarsichtfolie auflegen und darauf etwa 15 Walliserspeckscheiben eng nebeneinander hinlegen. Darauf nun das Filet legen, mit der Folie streng einrollen, dann mit Alufolie umwickeln, im Geflügelfond etwa 25 Minuten pochieren. Dieses Filet darf ruhig leicht blutig sein.

Dreierlei Kartoffelpüree

Die Kartoffeln alle separat im Salzwasser kochen und mit Milch zu Püree verarbeiten, mit Rahm und Gewürzen verfeinern.

Mini-Gemüse

Die Karotten kurz waschen und schälen, dann im Salzwasser kochen. Die Zucchetti und Patisson kurz auf der Grillplatte zeichnen, nachher das Gemüse kurz in Butter schwenken, abschmecken und anrichten.

FILET DE PATA NEGRA EN MANTEAU DE LARD VALAISAN AVEC SES TROIS PURÉES

INGRÉDIENTS

Filet de pata negra en manteau de lard
600 g	de filet de pata negra
15	tranches de lard valaisan coupé très fin
un peu	de romarin
	chapelure
	beurre à rôtir
	farine pour saupoudrer

Purées de pommes de terre
600 g	de patates douces à chair rouge
600 g	de pommes de terre violettes
600 g	de pommes de terre Nicola
un peu	de lait
un peu	de crème

Minilégumes
10	minicarottes
5	minicourgettes
5	minipâtisson (courge)
	sel
un peu	de beurre

Préparation

Filet de pata negra en manteau de lard
Saupoudrer le filet de pata negra, puis le rôtir à l'huile avec le romarin. Le placer brièvement au frais. Sur un film de cellophane, aligner environ 15 tranches de lard bien serrées les unes contre les autres. Déposer le filet sur les tranches de lard, puis rouler très serré avec la cellophane. Emballer ensuite dans une feuille d'aluminium et pocher pendant environ 25 minutes dans du fond de volaille. La viande peut rester légèrement saignante.

Purées de pommes de terre
Cuire les pommes de terre séparément à l'eau salée. Les réduire en purée, ajouter du lait et affiner avec de la crème et des épices.

Minilégumes
Laver et peler les carottes, puis les cuire à l'eau salée. Griller rapidement les courgettes et le pâtisson sur le gril, assaisonner et dresser.

Richard Schweizer, Küchenchef / chef / Chef.

PATA NEGRA FILET WRAPPED IN VALAIS BACON WITH A TRIO OF POTATOES

INGREDIENTS

Pata negra filet wrapped in bacon
600 g	pata negra filets
60 slices	Valais bacon, thinly sliced
	rosemary
	clarified butter
	flour

Potato trilogy
600 g	red sweet potatoes,
600 g	purple potatoes
600 g	Nicola potatoes
	milk as needed
	cream

Mini vegetables
10	mini carrots
5	mini zucchinis
5	mini patissons (pumpkins)
	salt
	butter

Preparation

Pata negra filet wrapped in bacon
Coat the pata negra in flour and fry in oil and rosemary. Leave to cool briefly. Lay out a sheet of plastic wrap and tightly cover with 15 slices of Valais bacon. Lay the filet over the bacon and roll tightly. Wrap the roll in aluminium foil and poach in chicken stock for approximately 25 minutes. It is fine if the filet is still slightly pink.

Potato trilogy
Cook the potatoes separately in salted water, purée, and then refine with cream and seasonings.

Mini vegetables
Rinse the carrots, peel and then cook in salted water. Briefly grill the zucchini and patissons to show the grill pattern. Coat the vegetables in melted butter, season and then serve.

Grand Hotel Metropol

SCHOKOLADENTORTE MIT MOUSSE

ZUTATEN

Tortenboden
250 g	Kuvertüre
230 g	Butter
90 g	Zucker
1 cl	Likör
5	Eier
1	Esslöffel Mehl

Schokoladenmousse
5	Eier
75 g	Zucker
300 g	Kuvertüre
7,5 dl	Rahm, steif
9 Blatt	Gelatine

Dekoration
einige	Himbeeren und Brombeeren
4 Kugeln	Schokoladeneis

Zubereitung
Tortenboden

Kuvertüre, Butter, Zucker und Likör in eine Kasserolle geben und bei kleiner Flamme schmelzen. Eier und Mehl gut verschlagen, aber nicht schaumig rühren. Beide Massen miteinander verrühren. Zwei runde Springformen ausbuttern und den Boden mit Backpapier auslegen. Masse je hälftig einfüllen, bei 180 °C im Wasserbad im Ofen ca. 35 Minuten garen. Anschliessend auskühlen lassen, einen Tortenboden mit Schokoladenmousse bestreichen, mit zweitem Tortenboden zudecken.

Schokoladenmousse

Eier und Zucker schaumig schlagen, Kuvertüre einrühren. Bei weisser und Vollmilch-Kuvertüre die aufgelöste Gelatine in die Schokolade rühren und erst dann mit der Eismasse verrühren. Am Schluss den Rahm vorsichtig unterheben.

Dekoration

Mit frischen Beeren und Schokoladeneis dekorieren.

TOURTE À LA MOUSSE AU CHOCOLAT

Préparation
Biscuit

Mettre la couverture, le beurre, le sucre et la liqueur dans une casserole et laisser fondre à feu doux. Battre vigoureusement les œufs et la farine, mais pas en mousse. Mélanger les deux appareils. Beurrer les bords de deux tourtières et chemiser les fond de papier parchemin. Verser la moitié de l'appareil dans chaque tourtière, puis cuire au four au bain-marie à 180 °C pendant 35 minutes. Laisser refroidir et étaler la mousse au chocolat sur le premier biscuit, puis recouvrir du second biscuit.

Mousse au chocolat

Battre le sucre et les œufs en mousse, délayer la couverture. En cas d'utilisation de couverture blanche ou au lait entier, incorporer la gélatine diluée au chocolat avant de mélanger à l'appareil aux œufs. A la fin, ajouter délicatement la crème.

Décoration

Garnir de baies fraîches et de glace au chocolat.

INGRÉDIENTS

Biscuit
250 g	de couverture
230 g	de beurre
90 g	de sucre
1 cl	de liqueur
5	œufs
1 c.s.	de farine

Mousse au chocolat
5	œufs
75 g	de sucre
300 g	de couverture (noire, blanche ou au lait)
7,5 dl	de crème fouettée ferme
9 feuilles	de gélatine

Décoration
quelques	mûres et framboises
4	boules de glace au chocolat

CHOCOLATE MOUSSE TORTE

INGREDIENTS

Sponge layers
250 g	chocolate
230 g	butter
90 g	sugar
1 cl	liqueur
5	eggs
1 tbsp	flour

Chocolate Mousse
5	eggs
75 g	sugar
300 g	chocolate couverture
7,5 dl	cream, whipped
9 leaves	gelatine

Garnish
some	raspberries and blackberries
4 scoops	chocolate ice cream

Preparation
Sponge layers

Melt the chocolate couverture, butter, sugar and liqueur in a casserole dish over low heat. Beat the eggs and flour until combined, but not foamy, and then stir into the chocolate mix. Grease two cake pans and line the bottoms with parchment paper. Fill each one with half of the batter and cook over a water bath in the oven at 180 °C for approximately 35 minutes. Remove from the bath, and then cool. Spread the chocolate mousse over the first sponge layer, and then cover with the second.

Chocolate Mousse

Beat the eggs with the sugar until foamy, and then stir in the chocolate couverture. If using white and whole milk couvertures, first stir the gelatine into the chocolate, and then combine with the egg mixture. Carefully fold in the whipped cream at the end.

Decoration

Decorate with fresh berries and chocolate ice cream.

Die Gastgeberfamilie: Carmen und Amadé Kalbermatten mit den Kindern Jeremy Louis und Priscilla Fiona. / *La famille propriétaire: Carmen et Amadé Kalbermatten avec leurs enfants Jeremy Louis et Priscilla Fiona.* / The Host Family: Carmen and Amadé Kalbermatten with children Jeremy Louis and Priscilla Fiona.

«Restaurant Moosalp Törbel»

Lebensqualität – ein Geheimnis?
In traumhafter Umgebung und auf 2084 m ü.M., auf höchstem Niveau also, wird das währschafte Bijou einer Speisekarte präsentiert. Geniessen und dabei die prächtige Aussicht bewundern – ein Stück Lebensqualität auf der Moosalp.

Qualité de vie par excellence
Dans un cadre enchanteur à 2084 mètres d'altitude, la carte présente des mets exquis, summum de l'art culinaire. Un moment de pur bonheur et de qualité de vie retrouvée avec une vue à couper le souffle.

Quality of life – a secret?
Situated in a spectacular setting at 2084 meters above sea level, the restaurant is on the highest level in more ways than one. Enjoy the food from the splendid menu, and admire the magnificent view. Experience the «good life» at the Moosalp.

ALPEN-ZIGER-
MOUSSE IM
ROTWEINGLAS
MIT ALPENVEILCHEN-
UND
LÖWENZAHN-PESTO

ZUTATEN

Alpen-Ziger-Mousse
30 g	Ziger
2 dl	Qimiq (pflanzliches Naturprodukt, 15% Fett)
0,5 dl	Rahm, steif
	Salz und Pfeffer

Alpenveilchen-Pesto
2 dl	Olivenöl
10 g	Pinienkerne
10 g	Parmesan, gerieben
10 Blätter	Basilikum
6	getrocknete Tomaten
6	getrocknete Alpenveilchenblüten
	Salz und Pfeffer

Löwenzahn-Pesto
2 dl	Olivenöl
10 g	Pinienkerne
10 g	Parmesan, gerieben
10 Blätter	Basilikum
3	Löwenzahnblätter
	Salz und Pfeffer

Zubereitung
Alpen-Ziger-Mousse
Den Ziger durch ein dünnes Sieb streichen, Qimiq beifügen. Mit dem Schwingbesen gut durchrühren. Rahm darunterziehen, anschliessend mit Salz und Pfeffer würzen.

Alpenveilchen-Pesto
Pinienkerne fein mixen und mit dem Parmesan vermengen. Basilikum, getrocknete Tomaten und Alpenveilchen fein schneiden und zusammen mit dem Olivenöl beigeben. Nach Belieben salzen und pfeffern. Die Masse ca. 5 Minuten mixen, bis die Masse schön püriert ist.

Löwenzahn-Pesto
Pinienkerne fein mixen und mit dem Parmesan vermengen. Basilikum und Löwenzahnblätter fein schneiden und mit dem Olivenöl beigeben. Nach Belieben salzen und pfeffern und die Pesto ca. 5 Minuten mixen.

MOUSSE AU ZIGER DES ALPES DANS SON VERRE À VIN ROUGE AUX DEUX PESTOS

INGRÉDIENTS

Mousse au ziger des Alpes
30 g	de ziger
2 dl	de Qimiq (produit végétal naturel, 15% de matière grasse)
0,5 dl	de crème fouettée ferme
	sel et poivre

Pesto de cyclamen
2 dl	d'huile d'olive
10 g	de pignons
10 g	de parmesan râpé
10 feuilles	de basilic
6	tomates séchées
6	fleurs de cyclamen séchées
	sel et poivre

Pesto de dent de lion
2 dl	d'huile d'olive
10 g	de pignons
10 g	de parmesan râpé
10 feuilles	de basilic
3	feuilles de dent de lion
	sel et poivre

Préparation

Mousse au ziger des Alpes

Passer le ziger à travers une passoire fine, puis ajouter le Qimiq. Fouetter vigoureusement. Ajouter la crème fouettée et, pour terminer, saler et poivrer.

Pesto de cyclamen

Passer les pignons au hachoir et les mélanger au parmesan. Emincer le basilic, les tomates séchées et les fleurs de cyclamen, puis les incorporer en même temps que l'huile d'olive. Saler et poivrer selon les goûts. Mixer le tout pendant environ 5 minutes jusqu'à obtention d'une purée homogène.

Pesto de dent de lion

Passer les pignons au hachoir et les mélanger au parmesan. Emincer le basilic et les feuilles de dent de lion, puis incorporer en même temps que l'huile d'olive. Saler et poivrer selon les goûts et mixer le tout pendant environ 5 minutes.

ALPINE SAPSAGO MOUSSE WITH ALPINE CYCLAMEN AND DANDELION PESTOS SERVED IN A RED WINE GLASS

INGREDIENTS

Alpine sapsago mousse
30 g	sapsago cheese
2 dl	qimiq (natural herbal product, 15% fat)
0,5 dl	cream, whipped
	salt and pepper

Cyclamen pesto
2 dl	olive oil
10 g	pine nuts
10 g	parmesan, grated
10 leaves	basil
6	dried tomatoes
6	dried cyclamen flowers
	salt and pepper

Dandelion-Pesto
2 dl	olive oil
10 g	pine nuts
10 g	parmesan, grated
10 leaves	basil
3	dandelion leaves
	salt and pepper

Preparation

Alpine sapsago mousse

Pass the sapsago through a thin sieve. Add the qimiq and whisk well. Fold in the whipped cream and season with salt and pepper.

Cyclamen pesto

Chop the pine nuts in the food processor and mix with the parmesan. Finely slice the basil, dried tomatoes and cyclamen and add to the nuts. Pour in the olive oil. Season with salt and pepper according to taste. Blend in the food processor for approximately 5 minutes until puréed.

Dandelion pesto

Chop the pine nuts in the food processor and mix with the parmesan. Finely slice the basil and dandelion leaves and add along with the olive oil. Season with salt and pepper according to taste. Blend in the food processor for approximately 5 minutes.

CORDON BLEU «DOM»
FARCI AUX ABRICOTS SECS

INGRÉDIENTS

4	steaks de porc
	sel et poivre
quelques	abricots secs
4 tranches	de jambon cru
4 tranches	de fromage à raclette
un peu	de farine
1	œuf
un peu	de chapelure grossière
un peu	de noisettes moulues
4 dl	d'huile de colza
1	quartier de citron

Jardinière de légumes

8	minicarottes
8	oignons de printemps
100 g	de courgettes
	sauce de soja Kikkoman
un peu	de bouillon de volaille
	sel et poivre

Préparation

Aplatir les steaks de porc, puis entailler une poche dans la longueur. Envelopper chaque tranche de fromage dans une tranche de jambon cru, la glisser dans l'entaille avec les abricots secs et refermer. Passer chaque steak dans la farine, dans l'œuf battu, puis dans le mélange de chapelure aux noisettes. Faire dorer immédiatement dans l'huile de colza chaude des deux côtés. Garnir d'un quartier de citron.
En accompagnement servir des pâtes, par exemple «Paccheri» de «Gerardo di Nola» (petite manufacture napolitaine où les pâtes sont préparées à la main selon la vieille tradition et séchées à l'air).

Jardinière de légumes

Eplucher et couper les légumes, puis les faire revenir dans une poêle avec un peu d'huile d'olive et de sauce de soja Kikkoman. Terminer la cuisson dans un peu de bouillon de volaille.

«DOM» CORDON BLEU STUFFED WITH DRIED APRICOTS

INGREDIENTS

4	pork steaks
	salt and pepper
several	dried apricots
4 slices	prosciutto
4 slices	raclette cheese
some	flour
1	egg
some	coarse breadcrumbs
some	ground hazelnuts
4 dl	rapeseed oil
1	lemon, cut into wedges

Assorted vegetables

8	mini-carrots
8	spring onions
100 g	courgettes
	Kikkoman soy sauce
some	chicken broth
	salt and pepper

Preparation

Pound the pork steaks and slice a pocket lengthwise into each steak. Wrap a slice of cheese in a slice of ham and stuff these into the pockets along with the apricots. Press the pockets closed. Roll the steaks one after the other in flour, then in the beaten egg, and finally in the breadcrumbs. Fry immediately in hot rapeseed oil on both sides until golden brown. Garnish with a lemon wedge. Serve with pasta such as «Paccheri» by Gerardo di Nola (a small company in Naples where the noodles are made according to tradition by hand and air dried).

Assorted vegetables

Peel and slice the vegetables, sauté in a pan with some olive oil and Kikkoman, and then steam in the chicken broth.

CORDON BLEU «DOM»
GEFÜLLT MIT GETROCKNETEN APRIKOSEN

ZUTATEN

4	Schweinssteaks
	Salz und Pfeffer
einige	getrocknete Aprikosen
4 Scheiben	Rohschinken
4 Scheiben	Raclettekäse
etwas	Mehl
1	Ei
etwas	grobes Panierbrot
etwas	Haselnüsse, gemahlen
4 dl	Rapsöl

Sortiertes Gemüse

8	Mini-Karotten
8	Frühlingszwiebeln
100 g	Zucchini
	Kikkoman
etwas	Hühnerbouillon
	Salz und Pfeffer

Zubereitung

In die geklopften Schweinssteaks von einer Längsseite her jeweils eine Tasche schneiden. Je eine Käsescheibe mit einer Rohschinkenscheibe umhüllen und zusammen mit den getrockneten Aprikosen in die vorbereitete Tasche legen, zusammenklappen. Die Steaks nacheinander in Mehl, verquirltem Ei und in dem Mix von Panierbrot und Haselnüssen wenden und panieren. Sofort in heissem Rapsöl von beiden Seiten goldbraun braten.
Als Beilage Teigwaren reichen, z.B. «Paccheri» von «Gerardo di Nola» (Kleinbetrieb in Neapel, Teigwaren werden nach alter Tradition von Hand gefertigt und luftgetrocknet).

Sortiertes Gemüse

Das Gemüse rüsten, zuschneiden und in einer Pfanne mit etwas Olivenöl und Kikkoman andünsten. Anschliessend in der Hühnerbouillon dämpfen.

Restaurant Moosalp Törbel

TAUSEND BLÄTTERTEIGSTREIFEN GEFÜLLT MIT VANILLECRÈME

ZUTATEN

20x20 cm	Blätterteig
75 g	Zucker
5 dl	Milch
2	Eigelb
20 g	Vanille-Pulver (Aroma)
etwas	Grand Marnier
nach Belieben	Rahm
	Puderzucker
etwas	Krokant

Zubereitung

In einer Schüssel das Vanille-Pulver, den Zucker und das Eigelb verrühren. Milch aufkochen und noch heiss unter Rühren mit dem Schneebesen dazugeben. Zurück in die Kasserolle geben und unter stetem Rühren einige Minuten kochen lassen und umgiessen. Unter Rühren rasch abkühlen. Nach Belieben mit Rahm und Grand Marnier verfeinern.

Blätterteig bei 180 °C ausbacken. Teig leicht mit Puderzucker bestreuen, anschliessend im Ofen fertigbacken. So bleibt der Teig knusprig. Den Teig in 3 Bänder von ca. 7 cm Breite schneiden. Eine Schicht mit Crème bestreichen, zweites Teigband darauf legen und ebenfalls mit Crème bestreichen. Das dritte Teigband aufsetzen und mit Puderzucker und Krokant verzieren.

MILLEFEUILLE À LA VANILLE

Préparation

Dans une jatte, mélanger la poudre de vanille, le sucre et les jaunes d'œufs. Porter le lait à ébullition et l'incorporer encore chaud à l'appareil en fouettant. Reverser le tout dans la casserole et faire cuire quelques minutes sans cesser de fouetter. Transvaser ensuite la crème dans une jatte et fouetter pour la faire refroidir rapidement. Selon les goûts, affiner avec de la crème et du Grand Marnier.

Cuire légèrement la pâte feuilletée au four à 180 °C. Après quelques minutes, la saupoudrer de sucre glace et terminer la cuisson au four. La pâte reste ainsi croustillante. Couper la pâte en 3 bandes d'environ 7 cm de largeur. Etaler une partie de la crème sur la première bande de pâte et la recouvrir de la deuxième bande, recommencer l'opération, puis recouvrir de la troisième bande. Garnir de sucre glace et de croquant.

INGRÉDIENTS

20 x 20 cm	de pâte feuilletée
75 g	de sucre
5 dl	de lait
2	jaunes d'œufs
20 g	de poudre de vanille (arôme)
un peu	de Grand Marnier
	crème selon les goûts
	sucre glace
un peu	de croquant

ONE THOUSAND LAYERS OF FLAKY PASTRY
FILLED WITH VANILLA CREAM

Preparation

In a mixing bowl, stir together the vanilla powder, sugar and egg yolks. Bring the milk to a boil and whisk into the egg mixture while still hot. Return the mixture to the pan and simmer for several minutes, stirring constantly. Cool quickly, while still stirring. Refine according to taste with cream and Grand Marnier.

Prebake the pastry in a 180 °C oven. Dust the pastry lightly with powder sugar, and then bake in the oven until done. This will ensure that the pastry remains crispy. Slice the pastry into 3 strips of approximately 7 cm thickness. Spread one layer with cream, cover with the second pastry layer, spread this with cream as well, and then cover with the third layer. Dust with powder sugar and decorate with toffee brittle.

INGRÉDIENTS

20 x 20 cm sheet	puff pastry
75 g	sugar
5 dl	milk
2	egg yolks
20 g	vanilla powder (flavour)
some	Grand Marnier
	cream according to taste
	powder sugar for dusting
some	toffee brittle

Sepp Manser, Pächter / *gérant* / *Manager*.

«Bergrestaurant Morenia»

Gastlichkeit in luftiger Höhe
Modernes Holzbauhaus auf 2590 m ü. M., beim Masten 4 auf dem Weg zum Allalin gelegen. Ein grosses gastronomisches Angebot für Schnee- und Sonnenhungrige, das im Restaurant mit Ausblick oder auf der Terrasse angepriesen wird.

Le sens de l'hospitalité sur les hauteurs
Une maison moderne en bois à 2590 m d'altitude située sur le chemin menant à Allalin. Les férus de neige et de soleil n'auront que l'embarras du choix pour se sustenter dans ce cadre avec vue.

Hospitality at spectacular heights
The mountain restaurant is a modern wooden lodge located at 2590 m above sea level, at mast 4 on the way to the Allalin. It offers a wide range of culinary specialities for snow and sun seekers alike. Enjoy the food and the stunning views, either inside the restaurant or outdoors on the terrace.

MORENIAS SALATBUFFET-VINAIGRETTE

ZUTATEN

1 TL	Salz
2 Prisen	Pfeffer
2 EL	Weinessig
10 cl	Olivenöl

Zubereitung

Salz und Pfeffer in eine Schüssel geben. Essig zugeben und gut rühren, bis das Salz sich aufgelöst hat. Das Öl zuletzt einrühren.

Tipp: Das Verhältnis von Essig zu Öl muss je nach Stärke des verwendeten Essigs und der Gewürze angepasst werden. Grundsätzlich nimmt man mindestens einen Löffel Essig auf vier oder fünf Löffel Öl. Je nach Geschmack kann der Essig durch Zitronensaft ersetzt werden.

Varianten: Die Vinaigrette mit grob gehackten Kräutern (Liebstöckel, Schnittlauch, Basilikum, Minze, Melisse etc.) oder Zwiebeln und Knoblauch mischen. Bei der Zugabe von Senf darauf achten, dass der Senf mit dem Salz beigegeben wird.

VINAIGRETTE MORENIA

INGRÉDIENTS

1 c.c.	de sel
2 pincées	de poivre du moulin
2 c.s.	de vinaigre de vin
10 cl	d'huile d'olive

Préparation

Mettre le sel et le poivre dans un saladier. Ajouter le vinaigre et remuer jusqu'à dissolution du sel. Incorporer l'huile d'olive en dernier.

Conseil: la proportion de vinaigre par rapport à l'huile peut être modifiée en fonction de l'intensité du vinaigre utilisé et de l'acidité des ingrédients à assaisonner. En général, on compte une cuillerée de vinaigre pour quatre ou cinq d'huile. Selon les goûts, on peut remplacer le vinaigre par du jus de citron.

Suggestions: ajouter des herbes grossièrement hachées (livèche, ciboulette, basilic, menthe, mélisse, etc.), des oignons ou de l'ail à la vinaigrette. La moutarde est à incorporer en même temps que le sel.

MORENIA'S SALAD BUFFET VINAIGRETTE

Preparation

Place the salt and pepper in a mixing bowl, add the vinegar, mix until the salt has dissolved, and then stir in the oil.

Tipp: The ratio of vinegar to oil depends upon the strength of the vinegar used and the seasonings. As a rule of thumb, use at least one spoonful of vinegar for four or five spoonfuls of oil. If desired, the vinegar may be replaced with lemon juice.

INGREDIENTS

1 tsp	salt
2 pinches	pepper
2 tbsp	wine vinegar
10 cl	olive oil

Variations: Mix the vinaigrette with roughly chopped herbs (lovage, chives, basil, mint, lemon balm, etc.) or onions or garlic. Any mustard used should be added at the same time as the salt.

WOK ASIATIQUE

ASIAN WOK

INGRÉDIENTS

360 g	d'émincé de poulet
200 g	de légumes chinois cuits
500 g	de nouilles chinoises cuites
2 c.s.	de pâte de curry
3 dl	de lait de coco
1 dl	de sauce douce au chili
quelques	chips de crevettes
	sel et poivre

Préparation

Saler et poivrer l'émincé de poulet, puis le faire sauter au wok à feu vif. Incorporer les légumes et les nouilles et les faire cuire dans le lait de coco avec de la pâte de curry rouge, vert ou jaune, selon les goûts. Ajouter la sauce douce au chili et bien mélanger. Dresser dans un bol et garnir de chips de crevettes.

ZUTATEN

360 g	Pouletgeschnetzeltes
200 g	Chinagemüse, gekocht
500 g	Chinanüdeli, gekocht
2 EL	Currypaste
3 dl	Kokosmilch
1 dl	Sweetchilisauce
einige	Krevetten-Chips
	Salz und Pfeffer

ASIAN WOK

INGREDIENTS

360 g	chicken meat, cut into pieces
200 g	Chinese vegetables, cooked
500 g	Chinese noodles, cooked
2 tbsp	curry paste
3 dl	coconut milk
1 dl	sweet chilli sauce
a few	shrimp chips
	salt and pepper

Preparation

Season the chicken pieces with salt and freshly ground pepper, and then sauté over high heat in the wok. Add the Chinese vegetables with the noodles and flavour with red, green or yellow curry paste according to taste. Add the coconut milk and bring to a boil. Pour in the sweet chilli sauce and mix well. Serve in a bowl and garnish with shrimp chips.

Zubereitung

Pouletgeschnetzeltes mit Salz und Pfeffer aus der Mühle würzen, danach heiss in der Wokpfanne anbraten. Chinagemüse mit den Nudeln beigeben und je nach Geschmack mit roter, grüner oder gelber Currypaste und der Kokosmilch aufkochen. Sweetchilisauce beigeben und gut vermischen. In einer Schale anrichten und mit Krevetten-Chips garnieren.

BÂTONS AUX NOISETTES

Préparation
Bien mélanger tous les ingrédients du fourrage et laisser prendre pendant 5 minutes. Couper la pâte feuilletée en bandes. A l'aide d'un sac à douille, répartir le fourrage aux noisettes sur chaque bande de pâte. Badigeonner la pâte de jaune d'œuf et former un rouleau. Badigeonner également l'extérieur, saupoudrer de sucre et cuire au four à 180 °C pendant 25 minutes.

INGRÉDIENTS

1	pâte feuilletée abaissée de 20 x 20 cm
1	jaune d'œuf
	sucre

Fourrage aux noisettes
400 g	de noisettes moulues
150 g	de sucre
100 g	de muesli
5 g	d'arôme de vanille
10 g	de zeste de citron
2 dl	d'eau froide

NUT ROLLS

Preparation
Thoroughly mix the ingredients for the nut sticks, and then leave to rest for 5 minutes. Slice the puff pastry into strips. Fill a pastry bag with the nut mix and squeeze the mix over the strips. Brush with egg yolk and shape into a roll. Brush the exterior with more egg yolk and dust the upper surface with sugar. Bake in a 180 °C oven for 25 minutes.

INGREDIENTS

20 x 20 cm	puff pastry, rolled
1	egg yolk, for brushing
	sugar, for dusting

Walnut filling
400 g	nuts, ground
150 g	sugar
100 g	Birchermüesli
5 g	vanilla extract
10 g	lemon peel, grated
2 dl	cold water

Bergrestaurant Morenia

NUSSSTANGEN

ZUTATEN

20 x 20 cm	Blätterteig, ausgewallt
1	Eigelb, zum Bepinseln
	Zucker, zum Bestreuen

Nussfüllung

400 g	Nüsse, gemahlen
150 g	Zucker
100 g	Birchermüesli
5 g	Vanillearoma
10 g	Zitronenraps
2 dl	kaltes Wasser

Zubereitung

Alle Zutaten für die Nussfüllung gut vermengen und danach 5 Minuten ziehen lassen. Blätterteig in Streifen schneiden, Nussmasse mit dem Spritzsack aufspritzen. Blätterteig mit Eigelb bestreichen und zu einer Rolle formen. Aussenseite mit Eigelb bestreichen, Oberseite mit Zucker bestreuen und bei 180 °C im Ofen während 25 Minuten backen.

Ariette und Peter Welti-Andenmatten mit den Kindern Alicia und Silvio, Gastgeberfamilie.
Ariette et Peter Welti-Andenmatten avec leurs enfants Alicia et Silvio, famille propriétaire.
Ariette and Peter Welti-Andenmatten with their children Alicia and Silvio, Host Family.

«Restaurant zur Mühle»

Rustikale Gemütlichkeit

Das Restaurant mit Charme und persönlichem Ambiente im Walliserstil und in rustikalem Ethno-Look. Die marktfrische und saisonale Küche, reichhaltig und abwechslungsreich, wird in Restaurant, Stübli und auf der Sonnenterrasse präsentiert.

Cachet rustique

Un restaurant à l'atmosphère chaleureuse dans un style typiquement valaisan au charme ethno-rustique. La cuisine du marché et de saison, généreuse et variée, est servie au restaurant, dans la petite salle et sur la terrasse.

Rustic cosiness

A charming and personable restaurant decorated in traditional Valais style and rustic ethnic look. The cuisine is rich and varied, and is prepared from the freshest of seasonal ingredients. Meals may be enjoyed either inside the restaurant and Stübli or outside on the sun terrace.

Saas-Fee for Gourmets

ZUTATEN RINDSTATAR

720 g	frisches Rindsfilet oder entnervte Huft
4	Eigelb
1 Prise	Paprika
etwas	Senf
etwas	Ketchup
etwas	Worchester-Sauce
etwas	Cognac
	Salz und Pfeffer aus der Mühle
2 EL	Petersilie, gehackt
2 EL	Sardellen, gehackt
2 EL	Kapern, gehackt
4 EL	Zwiebeln, gehackt
8 Scheiben	Toastbrot
	Butter

Dekoration

Petersilie

Zubereitung

Das Fleisch zuerst fein schneiden, dann hacken. Das Eigelb zuerst mit Paprika, Senf, Ketchup, Worchester-Sauce und Cognac vermischen, abschmecken. Das gehackte Fleisch mit dem Eigelbgemisch mit Gabel und Löffel zerkneten. Dann Petersilie, Sardellen, Kapern und Zwiebeln dazumischen und in Steakform portionenweise auf Teller dressieren. Als Beilage Toastbrot und Butter reichen.

TARTARE DE BŒUF

INGRÉDIENTS

720 g	de filet de bœuf frais ou de quasi sans nerfs
4	jaunes d'œufs
1 pincée	de paprika
un peu	de moutarde
un peu	de ketchup
un peu	de sauce Worcestershire
un peu	de cognac
	sel et poivre du moulin
2 c.s.	de persil haché
2 c.s.	d'anchois hachés
2 c.s.	de câpres hachées
4 c.s.	d'oignon haché
8 tranches	de pain toast
	beurre

Décoration

persil

Préparation

Découper la viande en petits morceaux, puis la hacher. Mélanger tout d'abord les jaunes d'œufs avec le paprika, la moutarde, le ketchup, la sauce Worcestershire et le cognac, assaisonner. Mélanger la viande hachée à cet appareil à l'aide d'une cuiller et d'une fourchette. Ajouter ensuite le persil, les anchois, les câpres et les oignons. Former des steaks et dresser sur une assiette. Servir toasts et beurre en accompagnement.

Preparation

Thinly slice the meat, then finely chop. Mix the egg yolk with the paprika, mustard, ketchup, Worcester sauce and cognac. Season to taste. Blend the egg mixture into the chopped meat with a fork. Mix in the parsley, anchovies, capers and onions and arrange in steak shapes on the plates. Serve with toast and butter.

BEEF TARTAR

INGREDIENTS

720 g	fresh beef tenderloin or trimmed round
4	egg yolks
1 pinch	paprika
some	mustard
some	ketchup
some	Worcester sauce
some	cognac
	salt and freshly ground pepper
2 tbsp	parsley, chopped
2 tbsp	anchovies, chopped
2 tbsp	capers, chopped
4 tbsp	onions, chopped
8 slices	toast
	butter

Garnish

parsley

Saas-Fee for Gourmets

CHÂTEAUBRIAND

INGRÉDIENTS

800 g	de cœur de filet de bœuf à température ambiante
un peu	de sel aux épices
	beurre à rôtir
	légumes de saison selon les goûts
	pommes Williams (croquettes)
	sauce béarnaise servie séparément

Préparation

Assaisonner la viande à température ambiante, puis la saisir de tous les côtés dans du beurre à rôtir jusqu'à coloration. Laisser ensuite reposer pendant 10 minutes au four à 80 °C. Peler des légumes frais de saison et les préparer comme d'habitude. Frire les pommes Williams ou croquettes dans l'huile. Découper délicatement le châteaubriand et dresser sur les assiettes avec les légumes et les pommes de terre. Servir la sauce séparément.

CHÂTEAU-BRIAND

INGREDIENTS

800 g	beef tenderloin, aged (centre cut)
some	seasoning salt
	clarified butter
	seasonal vegetables according to taste
	Williams potatoes (croquettes)
	Béarnaise sauce, separate

Preparation

Bring the meat to room temperature, season and brown evenly in the clarified butter. Leave to rest in the oven at 80 °C. Peel the fresh, seasonal vegetables and prepare as desired. Fry the croquettes in oil until golden brown. Carefully slice the Châteaubriand and arrange on plates with the vegetables and potatoes. Serve the Béarnaise sauce separately.

CHÂTEAU-BRIAND

ZUTATEN

800 g	Rindsfilet, gelagert (Mittelstück)
etwas	Gewürzsalz
	Bratbutter
nach Belieben	Saisongemüse
	Williamskartoffeln (Croquettes)
	Béarnaisesauce, separat

Zubereitung

Bei Zimmertemperatur gelagertes Fleisch würzen und in der Bratbuttter ringsum schön braun anbraten. Dann während 10 Minuten bei 80 °C im Ofen ruhen lassen. Frisches Gemüse nach Saison rüsten und wie gewohnt zubereiten. Williamskartoffeln/Croquettes im Öl frittieren.

Das Châteaubriand sorgfältig aufschneiden und zusammen mit Gemüse und Kartoffeln anrichten, die Sauce separat dazu reichen.

Restaurant zur Mühle

CAFÉ GLACÉ FAÇON MÜHLE

INGRÉDIENTS

8	boules de glace moka
	sauce moka selon les goûts
2 dl	de crème fouettée ferme
8 cl	de cognac aux œufs
	amandes, effilées

Préparation

Préparer quatre coupes et y verser tout d'abord un peu de sauce moka. Recouvrir d'un peu de crème fouettée. Déposer deux boules de glace moka sur la crème et napper de sauce moka. Pour terminer, arroser la coupe de cognac aux œufs, puis garnir de crème fouettée et d'amandes selon les goûts.

EISKAFFEE MÜHLE

ZUTATEN

8 Kugeln	Moccaeis
nach Belieben	Mocca-Topping
2 dl	Rahm, steif
8 cl	Eiercognac
	Mandeln, gehobelt

ICED COFFEE MILL-STYLE

Zubereitung

Vier Coupegläser nehmen und zuerst ein bisschen Mocca-Topping einfüllen. Wenig Schlagrahm darauf geben. Je zwei Kugeln Moccaeis auf den Rahm anrichten und Mocca-Topping über das Eis geben. Am Schluss den Eiercognac über den Coupe giessen und das Dessert nach Belieben mit Rahm und Mandeln garnieren.

INGREDIENTS

8 scoops	mocca ice cream
	mocca topping according to taste
2 dl	cream, whipped
8 cl	Advocaat liqueur
	almonds, shaved

Preparation

Take 4 ice cream cups and squeeze a small amount of mocca topping into the bottom each cup. Cover the topping with a small amount of whipped cream. Arrange 2 scoops of mocca ice cream over the whipped cream and drizzle with more mocca topping. Pour the Advocaat over the ice cream and garnish with additional whipped cream and almonds as desired.

Die Gastgeberfamilie: Rasso und Karin Bumann mit den Kindern Katharina (links) und Viktoria (rechts).
La famille propriétaire: Rasso et Karin Bumann avec leurs enfants Katharina (à gauche) et Viktoria (à droite).
The Host Family: Rasso and Karin Bumann with their children Katharina (left) and Viktoria (right).

«Ristorante da Rasso»

Pizza, Pasta und vieles mehr
Der frische Duft von Gorgonzola, Pizza und Spaghettata in der Alpenwelt, ein kleines Stück Italien im Gletscherdorf. Entspannende Italianità auf der Sonnenterrasse mit Blick auf beeindruckende Viertausender.

Pizza, pâtes, et bien plus encore
L'odeur alléchante du gorgonzola, de la pizza et de la spaghettata au cœur des Alpes rapproche encore de l'Italie. Sur la terrasse, embrasser du regard les imposants 4 000 mètres et se dire qu'on est tout simplement bien.

Pizza, pasta and much more
The fresh smell of gorgonzola, pizza and spaghettata in an Alpine setting creates a little piece of Italy in this glacier village. Enjoy the Italian feeling on the sun terrace whilst gazing at the impressive 4 000 metre peaks.

SPAGHETTATA

ZUTATEN

600 g	Spaghetti, al dente zubereitet

Pesto
- 50 g Basilikum
- 50 g Petersilie
- 50 g Knoblauch
- 50 g Pinienkerne
- 0,5 dl Olivenöl (kaltgepresst)
- Salz und Pfeffer aus der Mühle

Alaskasauce
- 20 g Butter
- 20 g Schalotten
- 1 Knoblauchzehe
- 60 g Blattspinat
- 240 g frischer Lachs
- Cognac
- trockener Weisswein
- 2,5 dl Vollrahm

Diavolosauce
- 2 cl Olivenöl
- 30 g Zwiebeln
- 1 Knoblauchzehe
- je 50 g Peperoni, rot, grün und gelb
- 1 Peperoncino
- 500 g Tomaten-Concassé
- frischer Basilikum
- Sambal Oelek
- Salz und Pfeffer aus der Mühle
- 1 Prise Zucker

Gorgonzolasauce
- 20 g Butter
- 30 g Zwiebeln
- 1 Knoblauchzehe
- 150 g Gorgonzola
- 2,5 dl Vollrahm
- Schnittlauch
- Salz und Pfeffer aus der Mühle

Zubereitung

Pesto
Basilikum und Petersilie entstielen, waschen und gut trocken tupfen. Dann zusammen mit dem geschälten Knoblauch, den Pinienkernen und einem Teil des Olivenöls im Cutter behutsam zerkleinern. Restliches Olivenöl beigeben und würzen.

Alaskasauce
Schalotten in Butter andünsten, Blattspinat und den in dünne Scheiben geschnittenen Knoblauch zugeben. Daumendicke Lachsstreifen ebenfalls mitdünsten und würzen. Nach dem Ablöschen mit Cognac und Weisswein mit dem Rahm aufgiessen und 2–3 Minuten garen. Nach Bedarf abbinden und sofort servieren.

Diavolosauce
Peperoni in dünne Streifen schneiden und zusammen mit den gehackten Zwiebeln andünsten und die Knoblauchzehe sowie die Peperoncini klein geschnitten dazugeben. Mit dem Tomaten-Concassé auffüllen, würzen, 30 Minuten köcheln lassen und mit frischem Basilikum vollenden.

Tipp: Eine Prise Zucker vor dem Servieren zur Sauce geben, das nimmt den Tomaten die Bitterkeit.

Gorgonzolasauce
Gehackte Zwiebeln in Butter andünsten, gehackten Knoblauch, Gorgonzola und Rahm dazugeben und mit wenig Salz und Pfeffer abschmecken. Den Käse bei kleiner Hitze schmelzen lassen und zum Schluss gehackten Schnittlauch beigeben.

SPAGHETTATA

INGRÉDIENTS

600g	de spaghettis al dente

Pesto
50g	de basilic
50g	de persil
50g	d'ail
50g	de pignons
0,5 dl	d'huile d'olive pressée à froid
	sel et poivre du moulin

Sauce Alaska
20g	de beurre
20g	d'échalote
1	gousse d'ail
60g	d'épinards en branches
240g	de saumon frais
	cognac
	vin blanc sec
2,5 dl	de crème entière

Sauce diavolo
2 cl	d'huile d'olive
30g	d'oignon
1	gousse d'ail
50g	de poivron rouge
50g	de poivron vert
50g	de poivron jaune
1	piment
500g	de tomates concassées
	basilic frais
	Sambal Oelek
	sel et poivre du moulin
1 pincée	de sucre

Sauce au gorgonzola
20g	de beurre
30g	d'oignon
1	gousse d'ail
150g	de gorgonzola
2,5 dl	de crème entière
	ciboulette
	sel et poivre du moulin

Préparation

Pesto
Effeuiller le basilic et le persil, rincer les feuilles et les éponger soigneusement. Placer ensuite dans le hachoir avec l'ail pelé, les pignons et une partie de l'huile d'olive. Hacher délicatement, ajouter le reste de l'huile d'olive et assaisonner.

Sauce Alaska
Faire revenir l'échalote au beurre, ajouter les épinards en branches et l'ail finement émincé. Faire revenir également le saumon coupé en lanières de l'épaisseur d'un pouce, puis assaisonner. Déglacer au cognac et au vin blanc, ajouter la crème et laisser mijoter encore 2 à 3 minutes. Si nécessaire lier et servir immédiatement.

Sauce diavolo
Couper les poivrons en fines lanières et les faire revenir avec l'oignon haché. Détailler la gousse d'ail et le piment en petits morceaux et incorporer. Ajouter les tomates concassées, assaisonner, laisser cuire pendant 30 minutes et affiner avec du basilic frais.

Nota bene: pour enlever l'acidité des tomates, ajouter une pincée de sucre à la sauce avant de servir.

Sauce au gorgonzola
Faire revenir l'oignon haché dans du beurre, puis ajouter l'ail haché, le gorgonzola et la crème. Saler et poivrer parcimonieusement. Faire fondre le fromage à basse température et ajouter la ciboulette hachée avant de servir.

SPAGHETTATA

INGREDIENTS

600g	spaghetti, cooked al dente

Pesto
50g	basil
50g	parsley
50g	garlic
50g	pine nuts
0,5 dl	olive oil (cold pressed)
	salt and freshly ground pepper

Alaska sauce
20g	butter
20g	shallots
1 clove	garlic
60g	leaf spinach
240g	fresh salmon
	cognac
	dry white wine
2,5 dl	cream

Diavolo sauce
2 cl	olive oil
30g	onions
1 clove	garlic
50g each	red, green and yellow bell peppers
1	chilli pepper
500g	tomato sauce
	fresh basil
	sambal oelek
	salt and freshly ground pepper
1 pinch	sugar

Gorgonzola Sauce
20g	butter
30g	onions
1 clove	garlic
150g	gorgonzola
2,5 dl	cream
	chives
	salt and freshly ground pepper

Preparation

Pesto
De-stem the basil and parsley leaves, rinse and pat dry well. Carefully chop in the food processor with the peeled garlic, pine nuts and part of the olive oil. Add the remaining olive oil and season.

Alaska sauce
Sauté the shallot in butter and add the thinly sliced spinach and chopped garlic. Slice the salmon into thumb-thick pieces, add to the sauce, season and sauté further. Deglaze with the cognac and white wine. Pour in the cream and simmer for 2–3 minutes. Bind the sauce if necessary and serve immediately.

Diavolo sauce
Slice the peppers into thin strips and sauté along with the chopped onions, finely chopped garlic clove and diced chili pepper. Cover with the tomato sauce, season, simmer for about 30 minutes and sprinkle with the fresh basil.

Tip: add a pinch of sugar to the sauce before serving to take away any bitter taste.

Gorgonzola sauce
Sauté the chopped onion in butter and add the chopped garlic, gorgonzola and cream. Season with a small amount of salt and pepper. Add the cheese, melt over low heat, and then add the chopped chives.

INGRÉDIENTS

8	escalopes de veau de 70 à 80 g
16	feuilles de sauge
8 tranches	de jambon cru
	huile
	sel et poivre du moulin
1 dl	de jus de rôti

Risotto

2 cl	d'huile d'olive
30 g	d'oignon
300 g	de riz pour risotto
1 l	de bouillon de volaille
quelques	stigmates de safran
40 g	de parmesan
30 g	de mascarpone
20 g	de beurre
un peu	de vin blanc sec

Légumes

300 g	de poivrons verts et rouges
200 g	de courgettes
0,5 dl	d'huile d'olive
	sel et poivre du moulin

SALTIMBOCCA
ALLA ROMANA

Préparation
Escalopes de veau
Saler et poivrer les escalopes, recouvrir d'une tranche de jambon et d'une feuille de sauge et fixer à l'aide d'un cure-dents. Rissoler dans l'huile. Accompagner de risotto et de légumes.

Risotto
Faire revenir l'oignon haché à l'huile d'olive, puis brièvement le riz. Ajouter le safran et mouiller régulièrement avec le bouillon. Cuire pendant environ 20 minutes. Le riz doit rester ferme sous la dent. Affiner avec le parmesan, le mascarpone et le beurre. Ajouter le vin juste avant de servir.

Légumes
Couper les poivrons en deux et les laver. Débiter les courgettes en rondelles. Blanchir les légumes et les laisser refroidir. Griller à la poêle, saler et poivrer.

INGREDIENTS

8	veal cutlets of 70–80 g each
16	sage leaves
8 slices	prosciutto
	oil
	salt and pepper from the mill
1 dl	gravy

Risotto

2 cl	olive oil
30 g	onions
300 g	risotto rice
1 l	chicken broth
several	saffron threads
40 g	parmesan
30 g	mascarpone
20 g	butter
a little	dry white wine

Vegetables

300 g	green and red bell peppers
200 g	zucchini
0,5 dl	olive oil
	salt and freshly ground pepper

SALTIMBOCCA
ALLA ROMANA

Preparation
Veal Cutlets
Season the veal cutlets with salt and pepper. Cover each cutlet with a sage leaf and a slice of prosciutto. Secure these with a toothpick, and then brown the cutlets in oil. Serve with the risotto and vegetables.

Risotto
Cook the chopped onions in olive oil. Add the risotto rice and sauté briefly. Add the saffron and gradually pour in the broth. Simmer for 20 minutes until al dente and refine with parmesan, mascarpone and butter. Add the wine just before serving.

Vegetables
Cut the peppers in half and rinse. Slice the zucchini, blanche, and then cool. Grill the vegetables in a skillet and season with salt and pepper.

Ristorante da Rasso

SALTIMBOCCA
ALLA ROMANA

ZUTATEN

8	Kalbsschnitzel à 70–80 g
16	Salbeiblätter
8 Tranchen	Rohschinken
	Öl
	Salz und Pfeffer aus der Mühle
1 dl	Bratensaft

Risotto

2 cl	Olivenöl
30 g	Zwiebeln
300 g	Risottoreis
1 l	Hühnerbouillon
einige	Safranfäden
40 g	Parmesan
30 g	Mascarpone
20 g	Butter
etwas	trockener Weisswein

Gemüse

300 g	Peperoni, grün und rot
200 g	Zucchetti
0,5 dl	Olivenöl
	Salz und Pfeffer aus der Mühle

Zubereitung
Kalbsschnitzel

Schnitzel mit Salz und Pfeffer würzen, mit Salbeiblättern und Rohschinken belegen und mit einem Zahnstocher fixieren, im Öl anbraten. Mit dem Risotto und dem Gemüse anrichten.

Risotto

Die gehackten Zwiebeln im Olivenöl andünsten, Risottoreis kurz mitdünsten, Safran beigeben und mit der Bouillon nach und nach aufgiessen. Während ca. 20 Minuten bissfest kochen und mit Parmesan, Mascarpone und Butter verfeinern. Den Wein erst kurz vor dem Servieren beigeben.

Gemüse

Peperoni halbieren und waschen, Zucchetti in Scheiben schneiden. Gemüse blanchieren und auskühlen lassen. In der Pfanne grillieren und mit Salz und Pfeffer würzen.

RASSIGORENG

ZUTATEN

Poulet

300 g	Pouletbruststreifen
240 g	Riesencrevetten (ohne Schale)
3 EL	Erdnussöl
60 g	Zwiebel, gehackt
2	Knoblauchzehen, gehackt
60 g	Wirsing, in Streifen geschnitten
80 g	Zucchetti, gewürfelt
60 g	Sojasprossen
80 g	Karotten, in Stäbchen geschnitten
80 g	Kefen
360 g	Nudeln, al dente zubereitet

Sauce

50 g	Butter
200 g	Mirepoix
50 g	Zwiebel, gewürfelt
2–3	Knoblauchzehen
1	Apfel
50 g	Curry, Madras
30 g	Mehl
8 dl	Geflügelbrühe
1	Lorbeerblatt
1	Gewürznelke
	Salz und Pfeffer aus der Mühle
	Kokosmilch
	Sambal Oelek

Zubereitung

Poulet

Wirsing, Zucchetti, Sojasprossen, Karotten und Kefen blanchieren. Pouletstreifen und Riesencrevetten im heissen Wok in Erdnussöl anbraten. Zwiebeln, Knoblauch und Gemüse dazugeben und kurz mitdünsten. Mit der abgeschmeckten Sauce aufgiessen und die gekochten Nudeln daruntermischen.

Sauce

Zwiebeln und Mirepoix in Butter andünsten, gehackten Knoblauch und kleinwürfelig geschnittenen Apfel dazugeben, den Curry beimengen. Mit Mehl bestäuben, danach mit Brühe aufgiessen und würzen. Etwa eine Stunde mit Loorbeerblatt und Gewürznelke einkochen lassen, danach Lorbeer und Nelke entfernen und die Sauce passieren, abschmecken. Zum Schluss mit Kokosmilch verfeinern und je nach Geschmack mit Sambal Oelek aufpeppen.

Tipp: 4 gekochte Crevetten (mit Schale) als Dekoration auf das Rassigoreng geben.

RASSIGORENG

INGRÉDIENTS

Poulet
300 g	de blanc de poulet en lanières
240 g	de crevettes décortiquées
3 c.s.	d'huile d'arachide
60 g	d'oignon haché
2 gousses	d'ail hachées
60 g	de chou frisé émincé
80 g	de courgette en cubes
60 g	de pousses de soja
80 g	de carottes en bâtonnets
80 g	de pois mange-tout
360 g	de nouilles al dente

Sauce
50 g	de beurre
200 g	de mirepoix
50 g	d'oignon haché
2–3 gousses	d'ail
1	pomme
50 g	de curry de Madras
30 g	de farine
8 dl	de bouillon de volaille
1 feuille	de laurier
1	clou de girofle
	sel et poivre du moulin
	lait de coco
	Sambal Oelek

Préparation
Sauce
Faire revenir l'oignon et le mirepoix au beurre, puis ajouter l'ail haché, la pomme en petits cubes et le curry. Saupoudrer de farine, mouiller avec le bouillon et assaisonner. Laisser mijoter pendant une heure environ avec la feuille de laurier et le clou de girofle, puis les retirer. Passer la sauce et rectifier l'assaisonnement. En fin de cuisson, affiner avec du lait de coco et, selon les goûts, relever de Sambal Oelek.

Poulet
Blanchir le chou frisé, les courgettes, les pousses de soja, les carottes et les pois mange-tout. Saisir le poulet et les crevettes à l'huile d'arachide dans un wok bien chaud. Ajouter l'oignon, l'ail et les légumes et sauter le tout brièvement. Arroser de sauce bien assaisonnée, puis ajouter les nouilles cuites al dente.

Suggestion: réserver 4 crevettes cuites, non décortiquées pour la décoration du rassigoreng.

RASSIGORENG

INGREDIENTS

Chicken
300 g	chicken breast strips
240 g	prawns (without shells)
3 tbsp	peanut oil
60 g	onion, chopped
2 cloves	garlic, chopped
60 g	savoy cabbage, cut into strips
80 g	zucchini, diced
60 g	soy sprouts
80 g	carrots, cut into sticks
80 g	snow peas
360 g	noodles, cooked al dente

Sauce
50 g	butter
200 g	mirepoix
50 g	onion, diced
2–3 cloves	garlic
1	apple
50 g	curry, Madras
30 g	flour
8 dl	chicken broth
1 leaf	bay
1	clove
	salt and freshly ground pepper
	coconut milk
	sambal oelek

Préparation
Chicken
Blanche the savoy cabbage, zucchini, soya sprouts, carrots and snow peas. Sauté the chicken strips and prawns in peanut oil in a hot wok. Add the onions, garlic and vegetables and briefly sauté further. Deglaze with the seasoned sauce, and then mix in the cooked noodles.

Sauce
Sauté the onions and mirepoix in butter. Add the chopped garlic and the finely diced apple. Mix in the curry. Dust with flour, cover with the broth and season. Simmer with the bay leaf and clove for approximately 1 hour, then remove and pass the sauce through a sieve. Season to taste. Refine with the coconut milk and the sambal oelek.

Tip: Place 4 cooked prawns (in their shells) over the rassigoreng for decoration.

Nicole und Jonas Bumann mit den Kindern Angela und Sven, Gastgeberfamilie.
Nicole et Jonas Bumann avec leurs enfants Angela et Sven, famille propriétaire.
Nicole and Jonas Bumann with their children Angela and Sven, Host Family.

«Golfhotel Saaserhof»

Klassische und internationale Küche
Im rustikalen Speisesaal, ausgestattet mit Holz von alten Walliser Kornspeichern, wird vielseitig verwöhnt. Dazu elegant gedeckte Tafeln, köstliche Düfte flambierter Spezialitäten und in der Bar ein loderndes Feuer im Kamin – Gemütlichkeit pur.

Cuisine classique et internationale
Une salle à manger rustique faite de bois d'anciens raccards et des tables élégamment dressées n'attendent que les spécialités flambées préparées de main de maître en cuisine. La cheminée du bar confere à cet endroit une note chaleureuse.

Classic and International cuisine
The hotel's rustic dining room is panelled in wood from ancient Valais grain sheds. Here, guests are spoiled in countless ways. Dine in pure comfort, with elegantly laid tables, delicious scents of flambéed specialties and a blazing fire in the fireplace.

Saas-Fee for Gourmets

KRÄUTERRAHMSÜPPCHEN
MIT OLIVEN-KÄSE-BISKUIT

ZUTATEN

Biskuit
1	Eigelb
3	Eiweiss
25 g	Mehl
25 g	Stärke
25 g	Parmesan
1 Msp.	Muskat
1 Msp.	Salz
80 g	schwarze Oliven, gehackt

Suppe
200 g	Butter
1	grosse Zwiebel
100 g	Mehl
2 l	Gemüsebouillon
1 Msp.	Knoblauch
15 g	Kerbel
20 g	Schnittlauch
25 g	Petersilie
10 g	Basilikum
10 g	Dill
10 g	Thymian
5 dl	Rahm
	Salz, Pfeffer, Zucker

Zubereitung
Biskuit

Mehl mit Stärke sieben und mit Parmesan und Muskat mischen. Eiweiss mit Salz zu Schnee schlagen, Eigelb glatt rühren und unterziehen. Mehl-Parmesan-Mischung unterheben, dann die Oliven zugeben. Biskuit fingerdick auf Backpapier streichen und im vorgeheizten Ofen bei 200 °C ca. 12 Minuten goldgelb backen. Backpapier entfernen und Masse in Rauten schneiden.

Suppe

Zwiebel mit 100 g Butter anschwitzen, ohne Farbe. Mit Mehl abstäuben und 5 Minuten vom Herd nehmen. Gemüsebouillon auffüllen und langsam aufkochen. Alle Kräuter hacken und beigeben (etwas Kräuter für die Garnitur zurückbehalten). Alles zusammen mixen. 3 dl Rahm beifügen und abschmecken, die Suppe sollte nun nicht mehr kochen. Restlichen Rahm schlagen. Suppe anrichten und mit Rahm, Kräutern und Käsebiskuit garnieren, servieren.

PETIT VELOUTÉ AUX HERBES
AVEC BISCUIT AUX OLIVES ET AU FROMAGE

Préparation
Biscuit

Tamiser la farine et la fécule, puis incorporer le parmesan et la muscade. Saler les blancs d'œufs et monter en neige ferme, battre le jaune d'œuf, puis l'incorporer aux blancs en neige. Mélanger délicatement les deux appareils et ajouter les olives. Sur un papier parchemin, étendre la pâte ainsi obtenue en une couche d'un doigt d'épaisseur et cuire au four préchauffé à 200 °C durant environ 12 minutes. Retirer le papier parchemin et couper le biscuit en losanges.

Velouté

Faire revenir l'oignon dans 100 g de beurre, sans coloration. Saupoudrer de farine et laisser reposer 5 minutes hors du feu. Mouiller avec le bouillon de légumes, puis porter lentement à ébullition. Hacher toutes les herbes, en réserver un peu pour la décoration, puis ajouter. Mixer le tout. Incorporer 3 dl de crème et assaisonner. La soupe ne doit maintenant plus bouillir. Fouetter le reste de la crème. Servir le velouté garni de crème fouettée, d'herbes et de biscuit.

INGRÉDIENTS

Biscuit
1	jaune d'œuf
3	blancs d'œufs
25 g	de farine
25 g	de fécule
25 g	de parmesan
1 pointe	de muscade
1 pointe	de sel
80 g	d'olives noires hachées

Velouté
200 g	de beurre
1	grand oignon
100 g	de farine
2 l	de bouillon de légumes
1 pointe	d'ail
15 g	de cerfeuil
20 g	de ciboulette
25 g	de persil
10 g	de basilic
10 g	d'aneth
10 g	de thym
5 dl	de crème
	sel, poivre et sucre

CREAMY HERB SOUP
WITH CHEESE AND OLIVE BISCUIT

Preparation
Biscuit

Sieve the flour with the starch and mix in the parmesan and nutmeg. Add the salt to the egg whites and whip until stiff. Beat the egg yolks and add to the whipped egg whites. Fold in the flour and parmesan mixture, and then add the olives. Spread the dough in finger thickness over a sheet of parchment paper. Bake until golden in a 200 °C oven for approximately 12 minutes. Remove from the parchment paper and cut into slices.

Soup

Gently sauté the onions in 100 g of butter until translucent. Dust with flour and remove from the heat for 5 minutes. Return to the heat, add the vegetable broth and slowly bring to a boil. Chop the herbs and add to the soup (reserving some for the garnish). Purée the mixture, pour in 3 dl of the cream and season to taste. The soup should not boil any further. Whip the remaining cream and use to decorate the soup. Garnish with the reserved herbs and a cheese biscuit.

INGREDIENTS

Biscuit
1	egg yolk
3	egg whites
25 g	flour
25 g	starch
25 g	parmesan
1 tiny pinch	nutmeg
1 tiny pinch	salt
80 g	black olives, chopped

Soup
200 g	butter
1	large onion
100 g	flour
2 l	vegetable broth
1 tiny pinch	garlic
15 g	chervil
20 g	chives
25 g	parsley
10 g	basil
10 g	dill
10 g	thyme
5 dl	cream
	salt, pepper, sugar

FILET DE BŒUF FLAMBÉ
ACCOMPAGNÉ DE GRATIN DE POMMES DE TERRE AUX POIRES

INGRÉDIENTS

Filet de bœuf flambé
4	médaillons de bœuf de 180 g
un peu	de beurre
1	grand oignon grossièrement haché
8 cl	de Vecchia Romagna
250 g	de demi-glace
100 g	de mélange d'herbes
150 g	de beurre
2 dl	de crème
2 cl	de calvados
	sel et poivre du moulin

Gratin de pommes de terre aux poires
5	poires à chair ferme pelées, en tranches
900 g	de pommes de terre pelées, en tranches
300 ml	de lait
50 ml	de crème
50 ml	de vin blanc de cuisine
	muscade, sel et poivre
50 g	de gruyère
25 g	de beurre
50 g	de sbrinz
10 g	de beurre pour le moule
1 pointe	d'ail

Préparation

Filet de bœuf flambé

Faire fondre un peu de beurre dans une poêle chaude et faire revenir l'oignon. Saisir les médaillons des deux côtés, environ 5 minutes pour une cuisson à point. Déglacer à la Vecchia Romagna, flamber avec précaution, puis retirer les médaillons et réserver au chaud. Verser la demi-glace dans la poêle, ajouter les herbes et le beurre, remuer. Affiner la sauce avec de la crème, incorporer le calvados et assaisonner. Faire réduire la sauce 2 à 3 minutes, puis chauffer les médaillons dans la sauce durant 1 minute.

Gratin de pommes de terre aux poires

Râper les deux sortes de fromage, beurrer le moule à gratin. Porter à ébullition le lait, la crème et le vin blanc, saler, poivrer et assaisonner de muscade. Ajouter les tranches de pommes de terre et de poires, mélanger et porter à ébullition. Incorporer la moitié du fromage et verser le tout dans le moule à gratin. Saupoudrer du reste du fromage et parsemer de beurre. Cuire au four à 160 °C durant environ 40 minutes, puis gratiner à 220 °C.

Suggestion: il est également possible de placer les tranches de pommes de terre et de poires directement dans le moule à gratin et de les recouvrir du liquide. Accompagner de tomates grillées et de fagots de haricots.

FLAMBÉED BEEF TENDERLOIN
WITH POTATO AND PEAR GRATIN

INGREDIENTS

Flambéed beef tenderloin
4	beef tenderloins of 180 g each
some	butter
1	large onion, finely diced
8 cl	Vecchia Romagna
250 g	demi-glaze
100 g	mixed herbs
150 g	butter
2 dl	cream
2 cl	calvados
	freshly ground pepper
	salt

Potato and pear gratin
5	firm pears, peeled, sliced
900 g	potatoes, peeled, sliced
300 ml	milk
50 ml	cream
50 ml	white cooking wine
	nutmeg, salt and pepper
50 g	Gruyere cheese
25 g	butter
50 g	Sbrinz cheese
10 g	butter, to grease the gratin dish
1 tiny pinch	garlic

Preparation

Flambéed beef tenderloin

Sauté the onion in some melted butter. Sear the tenderloins on both sides for approximately 5 minutes until medium. Pour the Vecchia Romagna into the pan, carefully light and then flambé. Remove the tenderloins from the pan and keep warm. Deglaze with the demi-glaze. Stir in the herbs and butter. Refine with the cream, add the calvados and season to taste. Allow the sauce to simmer for 2–3 minutes. Add the medallions and simmer for another minute.

Potato and pear gratin

Grate the 2 cheeses, then butter the gratin dish. Boil together the milk, cream and white wine, and season with nutmeg, salt and pepper. Mix in the sliced potatoes and pears and simmer. Add one half of the cheese, and then pour the mixture into the greased gratin dish. Sprinkle with the remaining cheese and drizzle with butter. Bake in a 160 °C oven for approximately 40 minutes and then gratinate at 220 °C.

Tip: the thinly sliced potatoes and pears can also be layered directly in the gratin dish, and then covered with the liquid. Serve the meat with grilled tomatoes and green beans.

Golfhotel Saaserhof

FLAMBIERTES RINDSFILET MIT KARTOFFEL-BIRNEN-GRATIN

ZUTATEN

Flambiertes Rindsfilet

4	Rindsfiletmedaillons à 180 g
etwas	Butter
1	grosse Zwiebel, klein gewürfelt
8 cl	Vecchia Romagna
250 g	Demi-Glace
100 g	Kräutermix
150 g	Butter
2 dl	Rahm
2 cl	Calvados
	Pfeffer aus der Mühle
	Salz

Kartoffel-Birnen-Gratin

5	feste Birnen, geschält, in Scheiben
900 g	Kartoffeln, geschält, in Scheiben
300 ml	Milch
50 ml	Rahm
50 ml	weisser Kochwein
	Muskat, Salz und Pfeffer
50 g	Greyerzer
25 g	Butter
50 g	Sbrinz
10 g	Butter, Form ausbuttern
1 Msp.	Knoblauch

Zubereitung

Flambiertes Rindsfilet

Etwas Butter in einer heissen Pfanne zerlaufen lassen, Zwiebel darin andünsten. Medaillons beidseitig heiss anbraten, ca. 5 Minuten (medium). Vecchia Romagna in die Pfanne giessen, vorsichtig anzünden/flambieren. Nach dem Flambieren Medaillons aus der Pfanne nehmen, warmhalten. Demi-Glace in Pfanne geben, Kräuter und Butter unter den Jus rühren. Sauce mit dem Rahm verfeinern, Calvados dazugeben und abschmecken. Sauce 2–3 Minuten einkochen lassen, dann die Medaillons in die Sauce legen und noch 1 Minute mitkochen.

Kartoffel-Birnen-Gratin

Beide Käsesorten reiben, Gratinform ausbuttern. Milch, Rahm und Weisswein zusammen aufkochen, mit Muskat, Salz und Pfeffer abschmecken. Kartoffel- und Birnenscheiben beigeben, mischen und aufkochen. Die Hälfte des Käses darunterziehen und Masse in die vorbereitete Gratinform geben. Mit dem restlichen Käse bestreuen und mit Butter beträufeln. Bei 160 °C ca. 40 Minuten backen, anschliessend bei 220 °C gratinieren.

Tipp: Die dünn geschnittenen Kartoffel- und Birnenscheiben können auch direkt in die Gratinplatte eingeschichtet und mit der Flüssigkeit bedeckt werden. Als Beilage passen Grilltomaten und Bohnenbünde.

ZWEIERLEI PARFAIT VON HOLUNDER UND HONIG

ZUTATEN

Parfaits
1 l	Rahm, steif
4	Eigelb
4	Eier
125 g	Honig
125 g	Holundersirup

Holundersirup
1 Teil	Holunder
1 Teil	Zucker

Garnitur
nach Belieben	Früchte

Zubereitung
Parfaits

Je 2 Eier und 2 Eigelb mit dem Honig oder dem Holundersirup auf schwachem Wasserbad aufschlagen, dann wieder kalt schlagen. Den Rahm hälftig unter die beiden Massen heben. Parfaits in eine Form einschichten und während 4 Stunden gefrieren lassen. Kurz vor dem Servieren schneiden und mit Früchten nach Belieben garnieren.

Holundersirup

Frischen Holunder waschen und von den Stielen befreien. Im Verhältnis 1:1 mit Zucker zusammen aufkochen, bis ein Sirup entsteht.

DUO DE PARFAITS
AU SUREAU ET AU MIEL

INGRÉDIENTS

Parfaits
1 l	de crème fouettée
4	jaunes d'œufs
4	œufs
125 g	de miel
125 g	de sirop de sureau

Sirop de sureau
1 mesure	de sureau
1 mesure	de sucre

Décoration
	fruits selon les goûts

Préparation
Parfaits

Battre 2 œufs et 2 jaunes d'œufs avec le miel au bain-marie, puis battre à froid. Incorporer la moitié de la crème. Procéder de la même manière pour le parfait au sirop de sureau. Verser les deux appareils, l'un après l'autre, dans un moule et placer au congélateur durant 4 heures. Couper juste avant de servir et décorer de fruits, selon les goûts.

Sirop de sureau

Laver les baies de sureau fraîches et les équeuter. Ajouter la même quantité de sucre et cuire jusqu'à obtention d'un sirop.

DUO OF ELDERBERRY AND HONEY PARFAITS

INGREDIENTS

Parfaits
1 l	cream, whipped
4	egg yolks
4	eggs
125 g	honey
125 g	elderberry syrup

Elderberry syrup
1 part	elderberries
1 part	sugar

Garnish
	fruit according to taste

Preparation
Parfaits

Mix 2 whole eggs and 2 yolks each with the honey and the elderberry syrup. Whisk the mixtures over a warm water bath and then beat until cool. Fold half of the whipped cream into each parfait. Layer the parfaits in a mould and then freeze for about 4 hours. Slice shortly before serving and garnish with fruit according to taste.

Elderberry syrup

Rinse the fresh elderberries and remove the stems. Boil 1 part sugar with 1 part elderberries until the mixture reduces to a syrup.

Lorenz Minder, Küchenchef / *chef* / *Chef*.

«Restaurant zur Schäferstube»

**Historisches Restaurant
mit gemütlichem Ambiente**
Traumhafte Aussicht auf der Sonnenterrasse. Einst von einem Schäfer zum einfachen Gasthaus umfunktioniert, ist die Speisekarte im heutigen Restaurant inspiriert von der französischen Küche.

*Restaurant historique
dans un cadre plaisant*
Terrasse ensoleillée offrant une vue imprenable. Cette ancienne bergerie aujourd'hui transformée en restaurant propose une carte s'inspirant de la cuisine française.

*Historic restaurant
with a cosy ambience*
Fantastic views from the sunny terrace. Converted from a shepherd's hut into a simple guesthouse, the menu in today's restaurant is inspired by French cuisine.

INGRÉDIENTS

HOMARD ET SALADE DE LÉGUMES

Homard
4	homards
½	poireau
½	céleri-rave
1	citron
1	carotte
1	oignon
1 bouquet	de persil
4 l	d'eau court bouillon

Salade de légumes
½	courgette
½	poivron
½	concombre
½	carotte
½	oignon
	sauce au vinaigre balsamique selon les goûts
1 bouquet	de persil

Préparation
Homard
Eplucher et couper les légumes, les plonger dans l'eau et porter à ébullition. Déposer les homards dans l'eau bouillante et laisser cuire pendant 4 à 5 minutes.

Salade
Couper les légumes en brunoise, mélanger dans une sauce au vinaigre balsamique blanc, dresser sur une assiette et décorer de persil. Déposer le homard à côté de la salade de légumes.

INGREDIENTS

LOBSTER WITH SALAD BOUQUET

Lobster
4	lobsters
½ stalk	leek
½	celery root
1	lemon
1	carrot
1	onion
1 bunch	parsley
4 l	water, spiced

Salad bouquet
½	zucchini
½	bell pepper
½	cucumber
½	carrot
½	onion
	balsamic vinegar dressing if desired
1 bunch	parsley

Preparation
Lobster
Prepare and chop the vegetables and cook in boiling water. Add the lobsters and boil for 4–5 minutes.

Salad
Finely dice the zucchini, bell pepper, cucumber, carrot and onion. Mix the vegetables with the white balsamic vinegar dressing and place on the plates. Decorate with parsley. Arrange the lobsters on the plates next to the salad bouquets.

ZUTATEN

HUMMER MIT SALATBOUQUET

Hummer
4	Hummer
½	Lauchstängel
½	Knollensellerie
1	Zitrone
1	Karotte
1	Zwiebel
1 Bund	Petersilie
4 l	Wasser, gewürzt

Salatbouquet
½	Zucchetti
½	Peperoni
½	Gurke
½	Karotte
½	Zwiebel
nach Belieben	Balsamicodressing
1 Bund	Petersilie

Zubereitung
Hummer
Das Gemüse rüsten, zurechtschneiden und im Wasser aufkochen. Die Hummer in das kochende Wasser geben und 4–5 Minuten kochen lassen.

Salat
Zucchetti, Peperoni, Gurke, Karotte und Zwiebel zu Brunoise schneiden. Die Gemüsewürfel mit einem weissen Balsamicodressing anrühren und auf die Teller anrichten, mit Petersilie dekorieren. Den Hummer neben dem Salatbouquet auf den Teller geben.

Saas-Fee for Gourmets

FONDUE DU BERGER

Préparation
Sauce Cumberland
Dans une casserole, porter à ébullition la gelée de groseilles, le vin rouge, le sel, le poivre de Cayenne, le gingembre en poudre et les zestes d'orange et de citron hachés. Mélanger l'huile et la farine et ajouter pour épaissir un peu la sauce. Laisser refroidir.

Sauce aux cacahouètes
Peler l'oignon, puis le passer au mixeur avec le vin blanc et mettre dans une casserole. Faire chauffer au micro-ondes le beurre de cacahouètes dans le pot sans couvercle, puis verser dans la casserole avec les épices. Porter à ébullition et cuire pendant 2 à 3 minutes sans cesser de remuer. Laisser ensuite refroidir.

Sauce à l'ail
Passer au mixeur les œufs, le vin blanc et les gousses d'ail, puis verser dans une casserole. Ajouter la moutarde, le persil et les épices et porter le tout à ébullition. Mélanger l'huile et la farine et ajouter pour épaissir un peu la sauce. Laisser refroidir.

Avant de servir, affiner chaque sauce avec un peu de crème fouettée (environ 1/3 de la quantité de la sauce).

Nota bene: toutes les sauces se conservent pendant 8 à 10 semaines dans des bocaux stérilisés en verre.

INGRÉDIENTS

1 kg	de viande de veau tranchée comme pour la chinoise
1 casserole	de vin blanc assaisonné selon les goûts
200 g	de riz préparé selon les habitudes

Sauce Cumberland

5 c.s.	de gelée de groseilles
1	zeste d'orange
1	zeste de citron
1 dl	de vin rouge
2 c.c.	de gingembre en poudre
un peu	de sel
2 c.c.	de poivre de Cayenne
0,5 dl	d'huile
12–15 g	de farine
env. 0,5 dl	de crème fouettée ferme

Sauce aux cacahouètes

1	oignon moyen
1 petit pot	de beurre de cacahouètes
2 dl	de vin blanc
½ c.c.	de poivre de Cayenne
1 c.c.	de sambal oelek

Sauce à l'ail

6	œufs durs
200 g	de gousses d'ail pelées
2 dl	de vin blanc
100 g	de moutarde
un peu	de persil haché
	sel et poivre
0,5 dl	d'huile
12–15 g	de farine

FONDUE BERGER

Preparation
Cumberland sauce
Chop the orange and lemon zests and place in a pan along with the red currant jelly, red wine, salt, cayenne pepper and ground ginger. Bring the ingredients to a boil and thicken slightly with a mixture of the oil and flour, then cool.

Peanut butter sauce
Peel the onion, purée with the white wine and pour into a pan. Heat the jar of peanut butter in the microwave, with the lid removed. Add the peanut butter to the ingredients in the pan. Simmer for 2–3 minutes, stirring constantly, and then cool.

Garlic sauce
Purée the eggs with the white wine and garlic cloves and place in a pan. Add the mustard, parsley and seasonings and bring to a boil. Thicken the sauce slightly with a mixture of oil and flour, and then cool.

Fold some whipped cream into the sauces just before serving (in a ratio of approximately 3:1 sauce:whipped cream).

Tip: the sauces can be preserved in sterile jars and will keep for 8–10 weeks.

INGREDIENTS

1 kg	veal, thinly sliced
1 pan	white wine, seasoned to taste
200 g	rice, prepared as usual

Cumberland sauce

5 tbsp	red currant jelly
1	orange, zest
1	lemon, zest
1 dl	red wine
2 tsp	ground ginger
	salt
2 tsp	cayenne pepper
0,5 dl	oil
12–15 g	flour
approx. 0,5 dl	cream, whipped

Peanut butter sauce

1	medium onion
1	small jar peanut butter
2 dl	white wine
1 tsp	cayenne pepper
1 tsp	Sambal Oelek

Garlic Sauce

6	eggs, boiled
200 g	garlic cloves, peeled
2 dl	white wine
100 g	mustard
	parsley, chopped
	salt and pepper
0,5 dl	oil
12–15 g	flour

FONDUE BERGER

ZUTATEN

1 kg	Kalbfleisch, wie für Chinoise
1 Pfanne	Weisswein, gewürzt
200 g	Reis, gewöhnlich zubereitet

Cumberland-Sauce

5 EL	Johannisbeergelee
1	Orange, Schale
1	Zitrone, Schale
1 dl	Rotwein
2 TL	Ingwer-Pulver
etwas	Salz
2 TL	Cayenne-Pfeffer
0,5 dl	Öl
12–15 g	Mehl
ca. 0,5 dl	Rahm, steif

Erdnussbutter-Sauce

1	mittlere Zwiebel
1	kleines Glas Erdnussbutter
2 dl	Weisswein
½ TL	Cayenne-Pfeffer
1 TL	Sambal Oelek

Knoblauch-Sauce

6	Eier, gekocht
200 g	Knoblauchzehen, geschält
2 dl	Weisswein
100 g	Senf
etwas	Petersilie, gehackt
	Salz und Pfeffer
0,5 dl	Öl
12–15 g	Mehl

Zubereitung

Cumberland-Sauce

Orangen- und Zitronenschale hacken und mit Johannisbeergelee, Rotwein, Salz, Cayenne-Pfeffer und Ingwer-Pulver in einen Topf geben, aufkochen. Das Öl mit dem Mehl vermischen und Sauce damit ganz wenig eindicken. Auskühlen lassen.

Erdnussbutter-Sauce

Zwiebel schälen und zusammen mit dem Weisswein aufmixen, in einen Topf geben. Erdnussbutter im Glas (ohne Deckel) in der Mikrowelle erhitzen, dann zusammen mit den Gewürzen in den Topf geben. Aufkochen und während 2–3 Minuten unter ständigem Rühren kochen, dann auskühlen lassen.

Knoblauch-Sauce

Die Eier zusammen mit dem Weisswein und den Knoblauchzehen mixen und in einen Topf geben. Senf, Petersilie und Gewürze zugeben und alles zusammen aufkochen. Das Öl mit dem Mehl vermischen und Sauce damit ganz wenig eindicken. Auskühlen lassen.

Bei allen Saucen vor dem Servieren etwas geschlagenen Rahm unterziehen (ca. im Verhältnis 3:1 Sauce:Rahm).

Tipp: Alle Saucen lassen sich in Steril-Gläser abgefüllt 8–10 Wochen lagern.

KAISER-SCHMARREN

ZUTATEN

6	Eier
100 g	Zucker
120 g	Mehl
1 dl	Milch
30 g	Rosinen
5 g	Butter
1 Prise	Salz
	Puderzucker
240 g	Zwetschgen, gekocht

Zubereitung
Die Eier trennen. Das Eigelb mit Mehl, Zucker und Milch gut vermengen. Das Eiweiss mit einer Prise Salz zu Eischnee aufschlagen und locker unter die Eigelbmasse ziehen. Eine ofenfeste Bratpfanne mit der Butter ausfetten, die Masse in die Pfanne geben, Rosinen beigeben und das Ganze im Ofen bei 180 °C während 12–15 Minuten backen.

Anrichten
Kaiserschmarren aus dem Ofen nehmen, mit einer Gabel in Stücke reissen, mit Puderzucker bestäuben und zusammen mit den warmen Zwetschgen servieren.

«KAISERSCHMARREN»

INGRÉDIENTS

6	œufs
100 g	de sucre
120 g	de farine
1 dl	de lait
30 g	de raisins secs
5 g	de beurre
1 pincée	de sel
	sucre glace
240 g	de compote de pruneaux

Préparation
Séparer les jaunes d'œufs des blancs. Bien mélanger les jaunes, la farine, le sucre et le lait. Ajouter une pincée de sel aux blancs, les battre en neige et les incorporer délicatement à l'appareil. Beurrer une poêle résistante au four, verser la pâte dans la poêle, ajouter les raisins secs et glisser le tout au four pendant 12 à 15 minutes à 180 °C.

Présentation
Au sortir du four, casser le «Kaiserschmarren» en morceaux irréguliers à l'aide d'une spatule, saupoudrer de sucre glace et accompagner de compote de pruneaux chaude.

«KAISER-SCHMARREN»

INGREDIENTS

6	eggs
100 g	sugar
120 g	flour
1 dl	milk
30 g	raisins
5 g	butter
1 pinch	salt
	powder sugar
240 g	plums, cooked

Preparation
Separate the eggs and mix the yolks with the flour, sugar and milk. Add a pinch of salt to the egg whites and whip into stiff peaks. Gently fold the egg whites into the egg yolk mixture. Grease an ovenproof frying pan with butter, pour in the batter, add the raisins and bake at 180 °C for 12–15 minutes.

Presentation
Remove the Kaiserschmarren from the oven, shred into pieces using a fork, dust with powder sugar and serve with the warm plums.

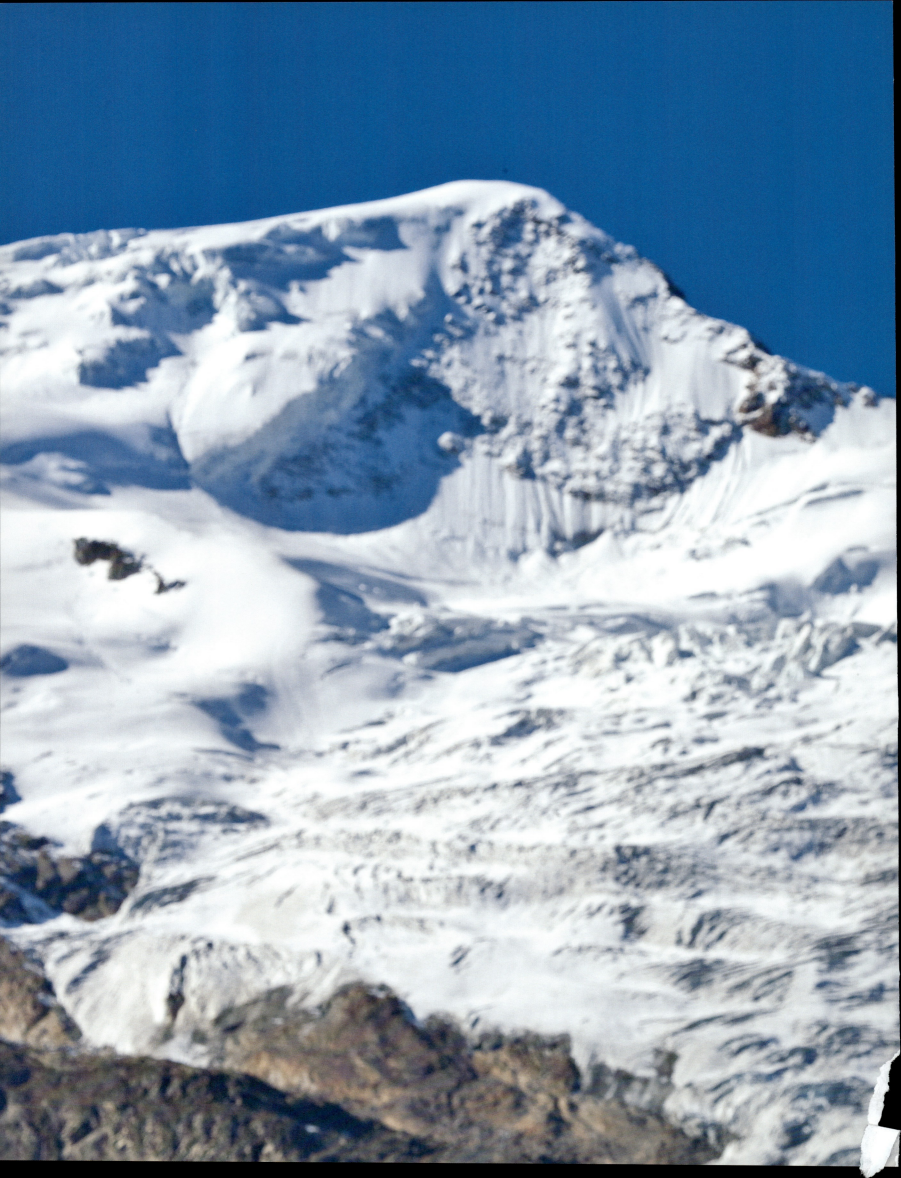

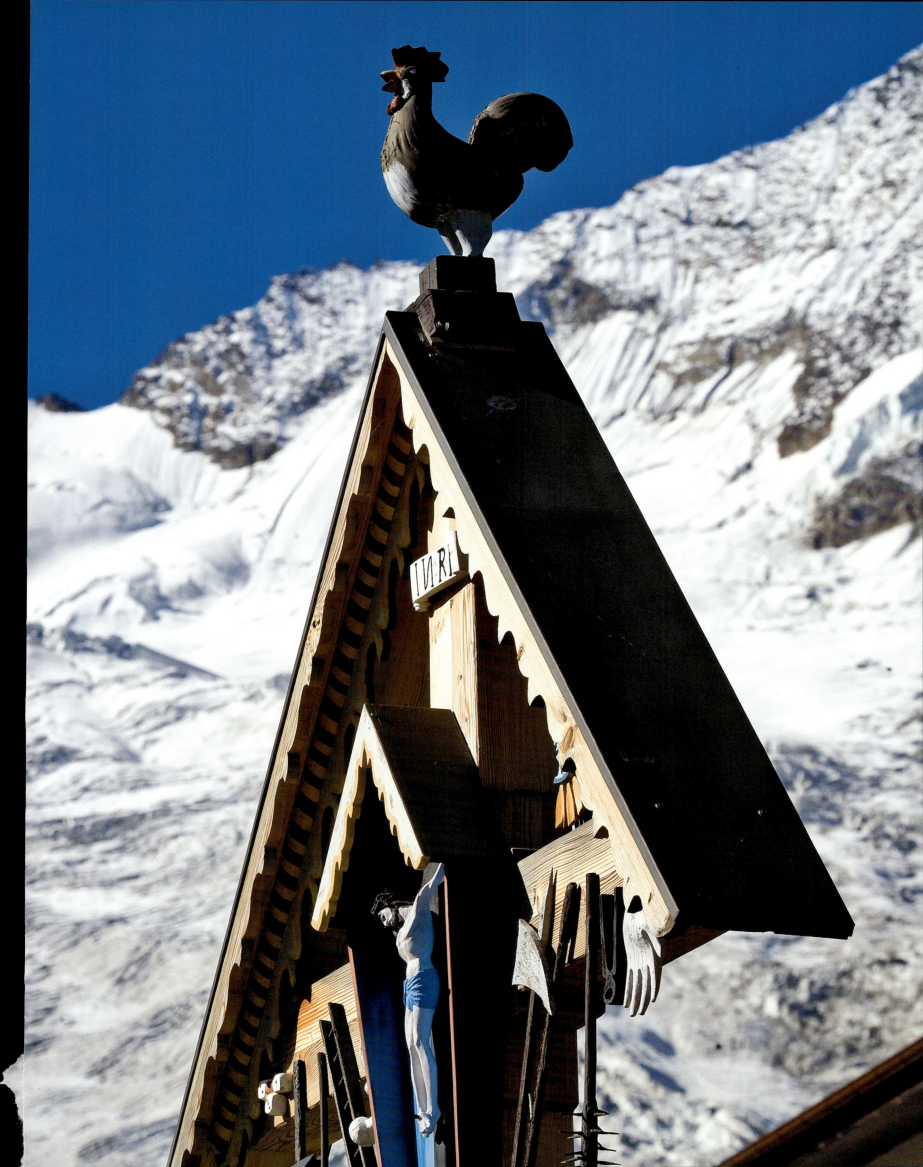

Benita und Medy Hischier, Direktion, mit Tochter Florence. / *Benita et Medy Hischier, direction, avec leur fille Florence.* / Benita and Medy Hischier, Managers, with daughter Florence.

Holger Schultheis, Küchenchef / *chef* / Chef.

«Schweizerhof Gourmet & SPA»

Wellness & Delicatess = Happiness
Sinnliches Geniesserhotel auf 1800 m ü. M. Kulinarische Glanzlichter und unverschämte Köstlichkeiten, wo Wohlfühlen, exquisite Küche und eine hohe Weinkompetenz für ein stimmungsvolles Ganzes sorgen.

Wellness et délicatesses
Perché à 1800 mètres d'altitude, cet élégant hôtel se plaît à éveiller les sens de ses hôtes avec sa cuisine remarquable et étonnante. Mais également avec ses crus soigneusement sélectionnés. Un éden des gourmands.

Wellness and refinement = Happiness
At 1800 m. above sea level, the Schweizerhof has an intimate atmosphere that will appeal to the epicure. The comfortable hotel, exquisite cuisine and expertise in wine selection ensure a thoroughly enjoyable experience.

FEINES VON DER JAKOBSMUSCHEL

ZUTATEN

12	Jakobsmuscheln
etwas	Maldonsalz
wenig	Olivenöl

Dörrtomatentatar
120 g	Dörrtomaten, fein gehackt
	Salz und Zucker
1	rote Zwiebel, in feine Würfel gehackt
wenig	Olivenöl
4 Scheiben	Lardo di colonnata
4 Zweige	Thymian

Marinade
1 TL	Limonenöl
1 EL	Olivenöl
1 EL	Fischfond
1 EL	weisser Balsamico
etwas	Limette, abgeriebene Schale
50 g	Gemüsewürfel, blanchiert (Karotten, Sellerie, Lauch)
etwas	Maldonsalz

Blumenkohlmousseline
160 g	Blumenkohl
	Salz, Muskat
50 g	Rahm
etwas	Koriander
wenig	Olivenöl
etwas	Maldonsalz

Zubereitung

Dörrtomatentatar

Dörrtomaten mit Zwiebeln, Olivenöl, Salz und Zucker mischen und mit zwei Löffeln zu Nocken formen. Die Muscheln mit Maldonsalz würzen und in der sehr heissen Pfanne in etwas Olivenöl braten. Die Jakobsmuschel halbieren, mit Dörrtomaten schichten, Lardo dekorativ anrichten und mit dem Thymianzweig fixieren.

Mariniert

Die Öle, Fischfond, Balsamico und Limettenabrieb zu einer Marinade mischen. Jede Jakobsmuschel in drei Scheiben schneiden und in der Marinade eine halbe Stunde ziehen lassen.
Jakobsmuschel und Gemüsewürfel abwechselnd schichten und mit Maldonsalz bestreuen.

Blumenkohlmousseline

Blumenkohl kochen und mit dem Rahm und den Gewürzen pürieren, anschliessend durch ein Haarsieb streichen. Jakobsmuschel mit Koriander würzen und in der heissen Pfanne in etwas Olivenöl braten, danach mit Maldonsalz bestreuen und auf der Blumenkohlmousseline anrichten.

INGRÉDIENTS

12	coquilles Saint-Jacques
un peu	de sel de Maldon
un peu	d'huile d'olive

Tartare de tomates séchées
120 g	de tomates séchées, finement hachées
	sel et sucre
1	oignon rouge, grossièrement haché
un peu	d'huile d'olive
4 tranches	de lardo di colonnata
4 branchettes	de thym

Marinade
1 c.c.	d'huile au citron
1 c.s.	d'huile d'olive
1 c.s.	de fond de poisson
1 c.s.	de vinaigre balsamique blanc
un peu	de zeste râpé de limette
50 g	de brunoise blanchie (carotte, céleri, poireau)
un peu	de sel de Maldon

Mousseline de chou-fleur
160 g	de chou-fleur
	sel et muscade
50 g	de crème
un peu	de coriandre
un peu	d'huile d'olive
un peu	de sel de Maldon

TRIO DE SAINT-JACQUES

Préparation
Saint-Jacques au tartare de tomates séchées
Mélanger les tomates séchées avec l'oignon, l'huile d'olive, le sel et le sucre. A l'aide de deux cuillers, former des quenelles. Assaisonner 4 Saint-Jacques de sel de Maldon et les saisir dans un peu d'huile d'olive. Les couper en deux, les farcir de tartare, puis les décorer de lardo di colonnata et d'une branchette de thym.

Saint-Jacques marinées
Pour la marinade, mélanger les huiles, le fond de poisson, le balsamique et le zeste de limette. Couper 4 Saint-Jacques en trois tranches et placer dans la marinade durant une demi-heure.
Dresser une tranche de Saint-Jacques recouverte de brunoise et ainsi de suite. Pour terminer, saupoudrer de sel de Maldon.

Saint-Jacques à la mousseline de chou-fleur
Cuire le chou-fleur, ajouter la crème et les épices, réduire en purée et passer à l'étamine. Assaisonner 4 Saint-Jacques de coriandre et saisir brièvement dans un peu d'huile d'olive. Saupoudrer de sel de Maldon, puis dresser sur la mousseline.

SCALLOP DELICACIES

Preparation
Dried tomato tartar
Mix the dried tomatoes with the onions, olive oil, salt and sugar, and form into scoops using two spoons. Season the scallops with the Maldon sea salt and sear in a very hot pan with some olive oil. Slice the scallops in half and layer with the dried tomatoes. Decoratively wrap in the bacon, and fix this into place with a sprig of thyme.

Marinated
Mix together the oils, fish stock, balsamic vinegar and lime zest. Slice each scallop into three disks and marinate in the mixture for ½ hour. Alternately layer the scallops and the cubed vegetables and sprinkle with Maldon sea salt.

Cauliflower mousseline
Boil the cauliflower, puree with the cream and seasonings, and then pass through a fine sieve. Season the scallops with coriander and fry in a very hot pan with some olive oil. Sprinkle with Maldon sea salt and serve over the cauliflower mousseline.

INGREDIENTS

12	scallops
some	maldon sea salt
small amount of olive oil	

Dried tomato tartar
120 g	dried tomatoes, finely chopped
	salt and sugar
1	red onion, finely diced
	olive oil
4 slices	of Lardo di colonnata bacon
4 sprigs	of thyme

Marinated
1 tsp	lemon oil
1 tbsp	olive oil
1 tbsp	fish stock
1 tbsp	white balsamic vinegar
some	grated lime zest
50 g	vegetable cubes, blanched (carrots, celery, leeks)
some	Maldon sea salt

Cauliflower mousseline
160 g	cauliflower
	salt, nutmeg
50 g	cream
	coriander
	olive oil
some	Maldon sea salt

SUPRÊME ET CUISSE DE CAILLE

INGRÉDIENTS

Cailles
4	suprêmes de caille
4	cuisses de caille
un peu	de lait
80 g	de graines de courge concassées
	sel et poivre
20 g	de beurre

Purée de haricots borlotti
150 g	de haricots borlotti
20 g	d'huile d'olive
un peu	d'eau de cuisson des haricots
5 cl	de crème
	sel et poivre

Chutney à la courge
160 g	de courge
1,6 dl	de vinaigre balsamique blanc
160 g	de sucre gélifiant
1	anis étoilé
½	bâton de cannelle
2	clous de girofle
1 pincée	de sel

Laque au balsamique
1 dl	de vinaigre balsamique
100 g	de sucre

Préparation

Cailles
Retirer la peau des suprêmes, saler et poivrer, puis passer tout d'abord dans le lait et ensuite dans les graines de courge en pressant légèrement. Retirer l'os inférieur des cuisses, puis façonner la chair en forme de praliné. Saler et poivrer. Rôtir lentement les suprêmes et les cuisses dans le beurre, puis glacer dans la laque de balsamique.

Purée de haricots borlotti
Cuire les haricots à l'eau salée jusqu'à tendreté, égoutter, puis en retirer la première peau. Mélanger avec l'huile d'olive, un peu d'eau de cuisson et la crème avant de réduire en purée. Passer ensuite à l'étamine, saler et poivrer.

Chutney à la courge
La veille, détailler la courge en petits dés et faire macérer dans le vinaigre balsamique. Le lendemain, égoutter, puis cuire la courge avec le sucre gélifiant et les épices jusqu'à tendreté.

Laque au balsamique
Faire réduire le balsamique et le sucre jusqu'à obtention d'un sirop.

BREAST AND LEG OF QUAIL

INGREDIENTS

Quail
4	quail breasts
4	quail legs
some	milk
80 g	pumpkin seeds, finely chopped
	salt and pepper
20 g	butter

Borlotti bean purée
150 g	Borlotti beans
2 cl	olive oil
some	cooking water from the beans
5 cl	cream
	salt and pepper

Pumpkin chutney
160 g	pumpkin
1,6 dl	white balsamic vinegar
160 g	preserving sugar
1	star anise
½	cinnamon stick
2	cloves
1 pinch	salt

Balsamic vinegar lacquer
1 dl	balsamic vinegar
100 g	sugar

Preparation

Quail
Remove the skin from the quail breasts and season with salt and pepper. Dip in the milk, coat with the pumpkin seeds, and then lightly press. Remove the lower bones from the quail legs, fold over into a praline shape and season with salt and pepper. Slowly fry the breasts and legs in foaming butter and glaze with the balsamic vinegar lacquer.

Borlotti bean purée
Boil the beans in salted water until soft, drain, and then remove their outer skins. Finely purée the beans with olive oil and a small amount of the cooking water. Pass through a fine sieve and season with salt and pepper.

Pumpkin chutney
Cut the pumpkin into fine cubes and marinate overnight in the balsamic vinegar. Drain, and then cook with the preserving sugar and seasonings until soft.

Balsamic vinegar lacquer
Boil the vinegar with the sugar until it reduces to a syrup.

BRUST UND KEULE VON DER WACHTEL

ZUTATEN

Wachtel
- 4 Stück Wachtelbrust
- 4 Stück Wachtelkeule
- etwas Milch
- 80 g Kürbiskerne, fein gehackt
- Salz und Pfeffer
- 20 g Butter

Borlottibohnenpüree
- 150 g Borlottibohnen
- 2 cl Olivenöl
- etwas Kochwasser von den Bohnen
- 5 cl Rahm
- Salz und Pfeffer

Kürbis-Chutney
- 160 g Kürbis
- 1,6 dl Weisser Balsamico
- 160 g Gelierzucker
- 1 Stück Sternanis
- ½ Zimtstange
- 2 Nelken
- 1 Prise Salz

Balsamicolack
- 1 dl Balsamico
- 100 g Zucker

Zubereitung

Wachtel
Von der Wachtelbrust die Haut entfernen, mit Salz und Pfeffer würzen, in der Milch wenden und die Kürbiskerne leicht andrücken. Von der Wachtelkeule den unteren Knochen entfernen, zu einer Praline formen und mit Salz und Pfeffer würzen.
Brust und Keule in schaumiger Butter langsam braten und anschliessend mit Balsamicolack glacieren.

Borlottibohnenpüree
Bohnen in etwas Salzwasser weich kochen, abschütten, danach die äussere Haut der Bohnen abziehen. Mit dem Olivenöl, etwas Kochwasser und dem Rahm fein pürieren. Anschliessend durch ein feines Haarsieb streichen und mit Salz und Pfeffer abschmecken.

Kürbis-Chutney
Kürbis in kleine Würfel schneiden und eine Nacht in den Balsamicoessig legen. Den Essig abschütten und den Kürbis mit dem Gelierzucker und den Gewürzen weich kochen.

Balsamicolack
Einkochen, bis ein Sirup entsteht.

Schweizerhof Gourmet & SPA

ERDBEER-OLIVEN-RAGOUT
MIT OLIVENÖL-EIS IN DER HIPPE

Zubereitung
Erdbeer-Oliven-Ragout
100 g Erdbeeren mit dem Puderzucker und dem Zitronensaft fein pürieren. Die restlichen Erdbeeren in Stücke schneiden, die Oliven in feine Würfel schneiden und alles mit dem Erdbeerpüree mischen.

Olivenöl-Eis
Milch und Wasser aufkochen. Die Eier mit dem Zucker schaumig schlagen, das Milch-Wasser-Gemisch und etwas Zitronensaft zugeben. Alles bis zur Rose aufschlagen. Anschliessend das Olivenöl langsam einlaufen lassen. In den Pacojet oder die Eismaschine geben.

Hippe
Alle Zutaten zu einem Teig verrühren. Die Masse auf ein Backpapier streichen und 5–8 Minuten bei 170 °C backen. Den noch warmen Teig in Streifen schneiden und zu einem Ring formen.

Minzpesto
Minze und Pistazien fein hacken, mit Läuterzucker und Zitronensaft gut vermischen. Als Dekoration auf den Teller geben.

ZUTATEN

Erdbeer-Oliven-Ragout
- 500 g Erdbeeren
- 50 g Puderzucker
- ½ Zitrone, Saft
- 50 g schwarze Oliven

Olivenöl-Eis
- 2 dl Milch
- 1 dl Wasser
- 4 Eier
- 150 g Zucker
- etwas Zitronensaft
- 200 g Olivenöl

Hippenmasse
- 50 g Butter
- 50 g Puderzucker
- 50 g Mehl
- 2 Eiweiss

Minzpesto
- 100 g Minze
- 50 g Läuterzucker (2:1 Zucker:Wasser)
- ½ Zitrone, Saft
- 20 g Pistazien

INGRÉDIENTS

Concassé de fraises et d'olives
500 g	de fraises
50 g	de sucre glace
½	citron, jus
50 g	d'olives noires

Glace à l'huile d'olive
2 dl	de lait
1 dl	d'eau
4	œufs
150 g	de sucre
un peu	de jus de citron
200 g	d'huile d'olive

Biscuit
50 g	de beurre
50 g	de sucre glace
50 g	de farine
2	blancs d'œufs

Pesto à la menthe
100 g	de menthe
50 g	de sirop de sucre (2 proportions de sucre pour 1 d'eau)
½	citron, jus
20 g	de pistaches

Préparation

Concassé de fraises et d'olives
Mélanger 100 g de fraises au sucre glace et au jus de citron, puis réduire en purée. Emincer le reste des fraises et couper les olives en petits dés, puis mélanger le tout à la purée de fraises.

Glace à l'huile d'olive
Porter le lait et l'eau à ébullition. Battre les œufs et le sucre jusqu'à obtention d'une mousse, puis incorporer le mélange de lait et d'eau, ainsi qu'un peu de jus de citron. Battre le tout jusqu'à épaississement. Ajouter, peu à peu, l'huile d'olive et verser dans une sorbetière.

Biscuit
Mélanger tous les ingrédients, puis verser l'appareil sur un papier parchemin. Cuire au four durant 5 à 8 minutes à 170 °C. Couper la pâte encore chaude en 4 lanières et former des arcs.

Pesto à la menthe
Hacher finement la menthe et les pistaches, puis bien mélanger avec le sirop de sucre et le jus de citron. En décorer l'assiette.

CONCASSÉ DE FRAISES ET D'OLIVES AVEC GLACE À L'HUILE D'OLIVE ET BISCUIT

STRAWBERRY-OLIVE RAGOUT WITH OLIVE OIL ICE CREAM AND BISCUIT RING

Préparation

Strawberry-olive ragout
Finely puree 100 g of the strawberries with the powder sugar and lemon juice. Slice the remaining strawberries into pieces and chop the olives into small cubes. Mix together with the strawberry puree.

INGREDIENTS

Strawberry-olive ragout
500 g	strawberries
50 g	icing sugar
½	lemon, juice only
50 g	black olives

Olive oil ice cream
2 dl	milk
1 dl	water
4	eggs
150 g	sugar
some	lemon juice
200 g	olive oil

Biscuit ring
50 g	butter
50 g	icing sugar
50 g	flour
2	egg whites

Mint pesto
100 g	mint
50 g	sugar water (2:1 sugar:water)
½	lemon, juice only
20 g	pistachio nuts

Olive oil ice cream
Boil together the milk and water. Whisk the eggs and the sugar until foamy. Pour in the milk and water mixture and add a small amount of lemon juice. Whisk until just stiff. Slowly pour in the olive oil and freeze in the ice cream machine.

Biscuit ring
Combine the ingredients to form a batter. Smooth onto parchment paper and bake in a 170 °C oven for 5–8 minutes. Slice the warm biscuit into strips and shape into rings.

Mint pesto
Finely chop the mint and pistachio nuts and mix thoroughly with the sugar water and lemon juice. Use to decorate the plate.

Christoph und Alexia Bumann, Gastgeber / *tenanciers* / *Hosts*.

Sébastien Kohler, Küchenchef und Alphornbläser / *chef et joueur de cor des Alpes* / *Chef and alpenhorn player.*

«Sport-Hotel»

Kochen unterm Tischkamin
Fein brutzelt das Steak auf dem Tischgrill – der Duft versetzt den Gaumen in Vorfreude. Hier ist jeder Gast Spitzenkoch und Grillmeister in einem. Im Sport-Hotel gilt: «Lieber gemeinsam grillen statt einsam schmoren».

Une cuisine conviviale
Les grillades qui frémissent sur les grils de table dégagent des effluves alléchants. Ici, les hôtes jouent le rôle de chef, selon la devise de la maison: «Le plaisir de la grillade conviviale».

Cooking at the table grill
The steak sizzles deliciously – the aroma is mouth-watering. At the table grill, every guest is a top chef and grill master rolled into one. The Sport Hotel's philosophy is: «It's better to grill together than stew alone».

SCHNECKEN NACH GROSSMUTTERART IM SCHNITTLAUCH-WINDBEUTEL

ZUTATEN

Mini-Windbeutel

15 cl	Milch
10 cl	Wasser
1 EL	Zucker
80 g	Butter
160 g	Mehl
4	Eier
1 EL	Schnittlauch, gehackt

Schnecken

12	Mini-Windbeutel
50 g	Lauch
50 g	Sellerie
50 g	Karotten
1	Schalotte, fein gehackt
nach Belieben	Knoblauchzehen, fein gehackt
24	Schnecken, ohne Häuschen
50 g	Kochbutter
	Salz und Pfeffer aus der Mühle
1 TL	Cognac
3 dl	Geflügelbrühe
3 dl	Vollrahm
50 g	Petersilie, fein gehackt

Zubereitung

Mini-Windbeutel

Ofen auf 200 °C vorheizen. Milch, Wasser, Salz, Zucker und Butter in einer Pfanne aufkochen. Bei erster Blasenbildung Pfanne sofort vom Herd nehmen und das gesiebte Mehl alles auf einmal zugeben. Trocknen lassen. Das erste Ei unter starkem Rühren einarbeiten. Sobald der Teig eine helle Farbe aufweist, das zweite Ei beigeben. Gleich verfahren wie beim ersten Ei und so weiterfahren bis zum vierten Ei. Schnittlauch beigeben und die Windbeutel auf ein ausgebuttertes Backblech geben. In die Mitte des Ofens einschieben und während 15 bis 20 Minuten backen. Türe während des Backens keinesfalls öffnen.

Schnecken

Den Backofen auf 160 °C vorheizen und anschliessend die Mini-Windbeutel für 6 Minuten in die Mitte schieben. Gleichzeitig Karotten, Sellerie und Lauch in feine Streifen schneiden (Julienne) und mit der Schalotte und den feingeschnittenen Knoblauchzehen sowie den im kalten Wasser gewaschenen Schnecken ca. 4 Minuten mit Butter in einer Pfanne bei mittlerer Hitze dünsten lassen. Nach Geschmack mit Salz und Pfeffer würzen. Mit Cognac, Geflügelbrühe und Vollrahm ablöschen und auf die Hälfte einkochen. Zum Schluss noch die gehackte Petersilie hinzufügen. Gemüse, Schnecken und Sauce in die gebackenen Windbeutel füllen und anrichten.

INGRÉDIENTS

Pâte à choux à la ciboulette

15 cl	de lait
10 cl	d'eau
1 c.s.	de sucre
80 g	de beurre
160 g	de farine
4	œufs
1 c.s.	de ciboulette hachée

Escargots

12	petits choux
50 g	de poireau
50 g	de céleri
50 g	de carotte
1	échalote finement hachée
	gousse d'ail hachée, selon les goûts
24	escargots, sans coquille
50 g	de beurre de cuisine
	sel et poivre du moulin
1 c.c.	de cognac
3 dl	de bouillon de volaille
3 dl	de crème entière
50 g	de persil finement haché

PETITS CHOUX AUX ESCARGOTS
À LA CIBOULETTE FAÇON GRAND-MAMAN

Préparation
Pâte à choux à la ciboulette

Préchauffer le four à 200 °C. Dans une casserole, chauffer le lait, l'eau, le sel, le sucre et le beurre. Au premier bouillon, retirer la casserole du feu et verser la farine tamisée en pluie en une seule fois. Laisser dessécher le tout. Hors du feu, incorporer le premier œuf en brassant vigoureusement. Une fois la pâte lisse et claire, mélanger le deuxième œuf. Recommencer la même opération pour les œufs restants. Ajouter la ciboulette, disposer les choux sur une plaque beurrée, puis glisser au four à mi-hauteur. Cuire les choux 15 à 20 minutes. Ne surtout pas ouvrir la porte du four pendant la cuisson.

Escargots

Préchauffer le four à 160 °C, puis glisser les choux au four, à mi-hauteur, durant 6 minutes. Pendant ce temps, tailler la carotte, le céleri et le poireau en julienne. Faire revenir la julienne au beurre dans une poêle à feu moyen durant 4 minutes avec l'échalote et l'ail, ainsi que les escargots préalablement lavés à l'eau froide. Saler et poivrer selon les goûts. Déglacer au cognac, ajouter le bouillon de volaille et la crème, puis faire réduire de moitié. A la fin, incorporer le persil haché. Farcir les choux de légumes, d'escargots et de sauce, puis dresser.

GRANDMOTHER'S SNAILS IN CHIVE PUFFS

INGREDIENTS

Chive puffs

15 cl	milk
10 cl	water
1 tbsp	sugar
80 g	butter
160 g	flour
4	eggs
1 tbsp	chives, chopped

Snails

12	chive puffs
50 g	leeks
50 g	celery
50 g	carrots
1	shallot, finely chopped
	garlic cloves to taste, finely chopped
24	snails without shells
50 g	clarified butter
	salt and freshly ground pepper
1 tsp	cognac
3 dl	chicken broth
3 dl	cream
50 g	parsley, finely chopped

Preparation
Chive puffs

Preheat the oven to 200 °C. Boil the milk, water, salt, sugar and butter together in a pan and remove from the heat as soon as the first bubbles start to form. Add the sieved flour all at once, and stir until the dough pulls away from sides of pan and forms ball. Vigorously beat in the first egg. Once the dough has a uniform colour, beat in the second. Continue until all 4 eggs have been used. Add the chives and drop the mixture by rounded tablespoons onto a buttered baking sheet. Bake for 15–20 minutes in the middle of the oven, making sure not open the oven door.

Snails

Bake the chive puffs for 6 minutes in the middle a 160 °C oven. While the puffs are baking, finely slice the carrots, celery and leeks into julienne strips. Rinse the snails in cold water and sauté for 4 minutes over medium heat along with the julienne vegetables, shallots and the finely chopped garlic clove. Season to taste with salt and pepper. Deglaze the pan with the cognac, chicken stock and cream and boil until the liquid has reduced by half. Add the chopped parsley. Fill the chive puffs with the snails and sauce and serve.

LES GRILLADES EN FÊTE

INGRÉDIENTS

Viande et poisson

200 g	de filet de veau, 4 médaillons
200 g	de carré d'agneau, 4 côtelettes
200 g	de filet de cerf, 4 médaillons
200 g	de filet de saumon, 4 tranches
8	crevettes
	marinade

Gratin d'épinards

300 g	d'épinards en branches surgelés
50 g	de beurre
100 g	de champignons de Paris
100 g	de bolets
3 dl	de fond de veau
3 dl	de crème entière
1	gousse d'ail finement hachée
	sel et poivre du moulin

Préparation
Viande et poisson
Chauffer le gril à 180 °C. Griller la viande et le poisson marinés 2 minutes de chaque côté au beurre.

Gratin d'épinards
Blanchir les épinards, puis les rafraîchir. Pendant ce temps, émincer les champignons et les faire revenir au beurre avec l'ail. Déglacer au fond de veau et incorporer la crème, faire ensuite réduire de moitié. Ajouter les épinards et chauffer durant environ 3 minutes. Saler et poivrer. Verser le tout dans un plat résistant à la chaleur et gratiner sous la salamandre durant 2 minutes ou au four à 180 °C (chaleur supérieure).

FESTIVE GRILLED MEATS

INGREDIENTS

Meat and fish

200 g	veal loin, 4 medallions
200 g	lamb racks, 4 chops
200 g	venison filet, 4 medallions
200 g	salmon fillet, 4 slices
8	giant shrimp
	marinade

Gratinated spinach

300 g	spinach, frozen
50 g	butter
100 g	Parisian button mushrooms
100 g	boletus mushrooms
3 dl	veal stock
3 dl	cream
1 clove	garlic, finely chopped
	salt and freshly ground pepper

Preparation
Meat and fish
Heat the grill to 180 °C. Brush the marinated meat pieces with butter glaze and then grill for 2 minutes on each side.

Gratinated spinach
Blanche the spinach and then plunge into cold water to cool. At the same time, slice the mushrooms and chop the garlic. Sauté in butter, then deglaze the pan with the veal stock and cream, and then boil until the liquid has reduced by half. Add the spinach and heat for approximately 3 minutes. Season with salt and pepper. Place in a gratin dish and gratinate for 2 minutes under the salamander or under the broiler at 180 °C.

Sport-Hotel

TISCHGRILL-SPEZIALITÄT

ZUTATEN

Fleisch und Fisch

200 g	Runde Mocken vom Kalb, 4 Medaillons
200 g	Lammracks, 4 Koteletten
200 g	Hirschfilet, 4 Medaillons
200 g	Lachsfilet, 4 Tranchen
8	Riesenkrevetten
	Marinade

Spinatgratin

300 g	Blattspinat, tiefgekühlt
50 g	Butter
100 g	Champignons de Paris
100 g	Steinpilze
3 dl	Kalbsfond
3 dl	Vollrahm
1	Knoblauchzehe, fein gehackt
	Salz und Pfeffer aus der Mühle

Zubereitung

Fleisch und Fisch

Grill auf 180°C heizen. Die marinierten Fleischstücke auf jeder Seite 2 Minuten mit glacierter Butter anbraten.

Spinatgratin

Den Spinat kurz blanchieren, anschliessend im kalten Bad abkühlen. Gleichzeitig die in Scheiben geschnittenen Pilze und den Knoblauch in Butter andämpfen. Mit dem Kalbsfond und dem Vollrahm ablöschen und auf die Hälfte einkochen. Den Spinat hinzufügen und ca. 3 Minuten aufwärmen. Mit Salz und Pfeffer abschmecken. In eine ofenfeste Form geben und unter Salamander (oder bei 180°C Oberhitze im Ofen) während 2 Minuten gratinieren.

MUFFINS MIT WALD-HEIDELBEEREN AUS SAAS-FEE

ZUTATEN

Muffins

180 g	Heidelbeeren
180 g	Mehl
60 g	Puderzucker
2 Beutel	Vanillezucker
2 TL	Hefe
1 Prise	Salz
2	Eier
50 g	Butter
20 cl	Drinkmilch

Tuiles Dentelles mit Feldthymian

150 g	Zucker
100 g	Butter
50 g	Glukose
50 g	Wasser
	Thymian

Zubereitung
Muffins

Ofen auf 200 °C vorheizen. 4 kleine Backformen mit hohem Rand ausbuttern und bezuckern. In den Kühlschrank stellen. Mehl, Puder- und Vanillezucker, Hefe und Salz in einer Schüssel mischen. Die Eier in einem separaten Geschirr aufschlagen, geschmolzene Butter und Milch beigeben. Unter ständigem Rühren zur Mehl-Mischung geben.

Zuerst ein wenig Teig in die Formen geben, dann abwechslungsweise einige Heidelbeeren und den Teig in die Formen schichten. Zuletzt mit einer Schicht Teig aufhören. Für 25 Minuten in den Ofen geben, dann aus der Form nehmen und noch warm oder auch kalt geniessen.

Tuiles Dentelles mit Feldthymian

Gleichzeitig die Butter, Zucker, Glukose und das Wasser in einer Pfanne kochen. Die gewünschten Formen dressieren und den Thymian drauf streuen. Bei 180 °C in den Ofen schieben und backen, bis die Tuiles Farbe bekommen.

MUFFINS AUX MYRTILLES DES BOIS DE SAAS-FEE

INGRÉDIENTS

Muffins
180 g	de myrtilles
180 g	de farine
60 g	de sucre glace
2 sachets	de sucre vanillé
2 c.c.	de levure chimique
1 pincée	de sel
2	œufs
50 g	de beurre
20 cl	de lait demi-écrémé

Tuiles dentelles au serpolet
150 g	de sucre
100 g	de beurre
50 g	de glucose
50 g	d'eau
	thym

Préparation
Muffins

Préchauffer le four à 200 °C. Beurrer et sucrer 4 petits ramequins à bord hauts. Placer au réfrigérateur. Dans une jatte, mélanger la farine, le sucre glace, le sucre vanillé, la levure et le sel. Battre les œufs séparément, puis ajouter le beurre fondu et le lait. Verser la préparation dans la jatte tout en remuant.
Mettre un peu de pâte dans le fond des ramequins, ajouter quelques myrtilles et répéter l'opération en terminant par une couche de pâte. Cuire 25 minutes au four. Démouler. Se déguste tiède ou froid.

Tuiles dentelles au serpolet

Dans une casserole, porter à ébullition le beurre, le sucre, le glucose et l'eau. Façonner la préparation à son gré et saupoudrer de thym. Faire dorer au four à 180 °C.

MUFFINS WITH WILD SAAS-FEE BLUEBERRIES

INGREDIENTS

Muffins
180 g	blueberries
180 g	flour
60 g	powder sugar
2 packets	vanilla sugar
2 tsp	baker's yeast
1 pinch	salt
2	eggs
50 g	butter
20 cl	milk

Caramel biscuits with wild thyme
150 g	sugar
100 g	butter
50 g	glucose
50 g	water
	thyme

Preparation
Muffins

Preheat the oven to 200 °C. Grease and sugar 4 small, deep baking moulds and leave these to cool in the refrigerator. In a bowl, mix together the flour, powder and vanilla sugars, baker's yeast and salt. In a separate bowl, beat the eggs with the melted butter and milk. Blend the egg mixture into the flour, stirring constantly. Place a small amount of batter in the moulds and cover with several blueberries. Continue layering the blueberries and batter until the mould is full, finishing with a layer of the batter. Bake in the oven for 25 minutes, remove from the mould, cool or enjoy while still warm.

Caramel biscuits with wild thyme

Boil the butter, sugar, glucose and water in a pan. Spread the mixture onto a baking sheet in the desired shapes, sprinkle with thyme and bake in a 180 °C oven until golden.

Werner Anthamatten, Vertreter / *représentant pour* / *Representative for* Saas-Fee.

«St. Jodern Kellerei Visperterminen»

Höchster Weinberg Europas
Bereits die Kelten betrieben den Weinbau in Visperterminen. 1979 wurde die heutige St. Jodern Kellerei gegründet und seit über zwanzig Jahren werden Trauben aus dem höchsten Weinberg Europas vinifiziert.

Le plus haut vignoble d'Europe
Les Celtes cultivaient déjà la vigne à Visperterminen. Fondée en 1979, la cave de St-Jodern vinifie depuis bientôt trente ans le raisin provenant du vignoble le plus haut d'Europe.

The highest vineyard in Europe
Viticulture has been practiced at the Visperterminen since Celtic times. The St. Jodern Kellerei was founded in 1979 and is the highest vineyard in Europe. Wine has been made from the grapes grown here for the past 20 years.

Saas-Fee for Gourmets

PAIN BLANC
AU FROMAGE ET AUX OLIVES

INGRÉDIENTS

Pain blanc

500 g	de farine blanche
312 g	d'eau tiède
25 g	d'huile d'olive
20 g	de levure
11 g	de sel de cuisine
10 g	de sucre cristallisé
100 g	de gruyère râpé
20 g	de tomates séchées émincées
12 g	de viande séchée émincée
25 g	d'olives noires émincées

Préparation

Dissoudre la levure dans un peu d'eau, puis mélanger aux autres ingrédients. Laisser lever la pâte. Ensuite, façonner une miche. Cuire le pain au four à 220 °C durant environ 40 minutes.

Conseil: placer un petit récipient résistant à la chaleur rempli d'eau dans le four.

FRESH WHITE BREAD
WITH CHEESE AND OLIVES

INGREDIENTS

Bread dough

500 g	white flour
312 g	water, lukewarm
25 g	olive oil
20 g	yeast
11 g	salt
10 g	sugar
100 g	gruyere cheese, grated
20 g	tomatoes, dried, finely sliced
12 g	air dried meat from the Grisons, finely chopped
25 g	black olives, chopped

Preparation

Dissolve the yeast in a small amount of water and mix with the other ingredients. Leave the dough to rise, and then shape into a loaf. Bake in a 220 °C oven for approximately 40 minutes.

Tip: place an ovenproof dish filled with water in the oven.

WEISSBROT
MIT KÄSE UND OLIVEN

ZUTATEN

Brotteig

500 g	Weissmehl
312 g	Wasser, lauwarm
25 g	Olivenöl
20 g	Hefe
11 g	Kochsalz
10 g	Kristallzucker
100 g	Greyerzerkäse, gerieben
20 g	Tomaten, getrocknet, fein geschnitten
12 g	Bündnerfleisch, fein gehackt
25 g	Oliven, schwarz, gehackt

Zubereitung

Die Hefe in etwas Wasser auflösen und mit den restlichen Zutaten vermengen. Den Teig rasten lassen und zu einem Brot formen. Im Ofen bei 220 °C während ca. 40 Minuten backen.

Tipp: Ein ofenfestes Gefäss mit Wasser in den Ofen stellen.

V.l.n.r. / *de gauche à droite* / *from left to right:* Matthias Manser, Francine Hurni, Sepp Manser und / *et* / *and* Viktoria Manser, Gastgeber / *tenanciers* / *Hosts*.

«Waldhüs Bodmen»

Mitten in der Natur
Die gutbürgerliche Küche bietet eine reichhaltige Auswahl an Hausmannskost, lokalen Spezialitäten und Saisongerichten. Ob das selber gebratene Stück Fleisch von der Specksteinplatte oder eine der vielen Hausspezialitäten – der Genuss mitten in der Natur ist garantiert.

En pleine nature
Une cuisine bourgeoise dont la palette s'étend des plats maison aux spécialités locales en passant par les mets de saison. Que l'on opte pour l'un ou l'autre délice ou pour la viande à griller soi-même sur ardoise, le plaisir reste intact, au cœur même de la nature.

A restaurant In the middle of nature
Featuring home-style cuisine and an extensive selection of traditional fare, local specialities and seasonal dishes. Grill your own meat at the table or choose one of the many house specialties. Guaranteed dining enjoyment in a natural setting.

Viktor Andenmatten, Küchenchef, mit Irma Dütsch und Martin Beutler, Betriebsleiter. / *Viktor Andenmatten, chef, avec Irma Dütsch et Martin Beutler, patron* / *Viktor Andenmatten, Chef, with Irma Dütsch and Martin Beutler, Operations Manager.*

TROCKENFLEISCH-TATAR

ZUTATEN

200 g	Walliser Trockenfleisch
100 g	Gemüsewürfel (Zwiebeln, Karotten, Sellerie, Cornichons), roh
10 g	Schnittlauch
10 g	Cognac
10 g	Distelöl
1	Eigelb

Zubereitung

Trockenfleisch in kleine Würfel schneiden und das Gemüse fein schneiden. Den Schnittlauch klein schneiden. Alle Zutaten vermengen und mit Pfeffer aus der Mühle würzen.

TARTARE
DE VIANDE SÉCHÉE

INGRÉDIENTS

200 g	de viande séchée du Valais
100 g	de légumes crus (oignons, carottes, céleri, cornichons)
10 g	de ciboulette
10 g	de cognac
10 g	d'huile de chardon
1	jaune d'œuf

Préparation
Débiter la viande séchée en petits dés et les légumes en brunoise. Hacher menu la ciboulette. Mélanger tous les ingrédients et relever de poivre du moulin.

DRIED MEAT
TARTAR

INGREDIENTS

200 g	Valais dried meat
100 g	diced raw vegetables (onions, carrots, celery, gherkins)
10 g	chives
10 g	cognac
10 g	safflower oil
1	egg yolk

Preparation
Finely dice the dried meat and vegetables. Finely chop the chives. Mix together all the ingredients and season with freshly ground pepper.

ENTRECÔTE DE CERF EN CROÛTE DE NOISETTES ET SABAYON D'AIRELLES

Préparation
Entrecôte de cerf
Saler et poivrer la viande, puis la saisir brièvement. Mélanger amandes, noisettes, pignons, chapelure, huile d'olive et enduire la viande de cette pâte en une couche d'environ 0,5 cm d'épaisseur. Rissoler au four à 200 °C (chaleur supérieure).

Sabayon
Au bain-marie, battre en mousse l'œuf, le vin rouge et les airelles avec une pincée de sel et un peu de poivre du moulin. Affiner avec un peu de cognac.

Mise en place
Sur l'assiette, faire le miroir avec le sabayon, y déposer la viande tranchée et garnir de châtaignes caramélisées, de choux de Bruxelles, de chou rouge et de spätzli.

INGRÉDIENTS

Entrecôte de cerf
640 g	d'entrecôte de cerf
50 g	d'amandes moulues
50 g	de noisettes moulues
50 g	de pignons moulus
50 g	de chapelure foncée
1 dl	d'huile d'olive
	sel et poivre du moulin

Sabayon
1	œuf
0,5 dl	de vin rouge
80 g	d'airelles
2 cl	de cognac

Accompagnement
selon les goûts — chou rouge, choux de Bruxelles, spätzli, châtaignes caramélisées préparées comme d'habitude

VENISON ENTRECÔTE IN A NUT CRUST OVER CRANBERRY SABAYON

Preparation
Venison entrecôte
Season the meat with salt and freshly ground pepper, and then quickly sear over high heat. Mix together the ground nuts, bread crumbs and olive oil. Spread a 0,5 cm thick layer of the mixture over the meat. Gratinate in a 200 °C oven until golden brown.

Sabayon
Whisk together the egg, red wine, cranberries, a pinch of salt and some freshly ground pepper over a water bath until foamy. Refine with cognac.

Presentation
Spoon a small pool of sabayon onto each plate. Arrange the sliced meat over the sauce and serve with glazed chestnuts, Brussels sprouts, red cabbage and spätzli.

INGRÉDIENTS

Venison entrecôte
640 g	venison entrecôte
50 g	almonds, ground
50 g	hazelnuts, ground
50 g	pine nuts, ground
50 g	dark breadcrumbs
1 dl	olive oil
	salt and freshly ground pepper

Sabayon
1	egg
0,5 dl	red wine
80 g	cranberries
2 cl	cognac

Side dishes
acc. to taste — red cabbage, Brussels sprouts, spätzli, glazed chestnuts, all prepared in the usual ways

Waldhüs Bodmen

REHENTRECÔTE MIT NUSSKRUSTE
AUF PREISELBEERSABAYON

ZUTATEN

Rehentrecôte
640 g	Rehentrecôte
50 g	Mandeln, gemahlen
50 g	Haselnüsse, gemahlen
50 g	Pinienkerne, gemahlen
50 g	dunkles Paniermehl
1 dl	Olivenöl
	Salz und Pfeffer aus der Mühle

Sabayon
1	Ei
0,5 dl	Rotwein
80 g	Preiselbeeren
2 cl	Cognac

Beilagen
nach Belieben	Rotkraut, Rosenkohl, Spätzli, glasierte Kastanien, wie gewohnt zubereitet

Zubereitung
Rehentrecôte

Das Fleisch mit Salz und Pfeffer aus der Mühle würzen, danach sehr kurz und heiss anbraten. Die gemahlenen Nüsse, Paniermehl und Olivenöl vermengen und mit dieser Masse das Fleisch ca. 0,5 cm dick bestreichen. Bei 200 °C im Ofen mit Oberhitze goldbraun überbacken.

Sabayon

Ei, Rotwein und die Preiselbeeren mit einer Prise Salz und Pfeffer aus der Mühle im Wasserbad schaumig schlagen, mit Cognac abschmecken.

Anrichten

Mit der Sabayon einen Saucenspiegel auf den Teller anrichten, das tranchierte Fleisch darauf anrichten und mit glacierten Kastanien, Rosenkohl, Rotkraut und Spätzli servieren.

ROGGENBROT-MOUSSE

ZUTATEN

1,25 dl	Milch
½	Vanillestängel
100 g	Roggenbrot
20 g	Kirsch
75 g	Eigelb
75 g	Zucker
40 g	Weisswein
2 Blatt	Gelatine
300 g	Rahm, steif

Zubereitung

Die Milch mit dem Vanillestängel aufkochen, Roggenbrot dazugeben und mixen. Den Kirsch mit Eigelb und Zucker schaumig schlagen. Die Gelatine im Weisswein auflösen und alles miteinander vermengen. Am Schluss vorsichtig den geschlagenen Rahm darunterziehen, kühlstellen.

INGRÉDIENTS MOUSSE AU PAIN DE SEIGLE

1,25 dl	de lait
½	gousse de vanille
100 g	de pain de seigle
20 g	de kirsch
75 g	de jaune d'œuf
75 g	de sucre
40 g	de vin blanc
2 feuilles	de gélatine
300 g	de crème fouettée ferme

Préparation

Porter à ébullition le lait additionné de la gousse de vanille, ajouter le pain de seigle et passer au mixeur. Battre en mousse le jaune d'œuf, le sucre et le kirsch. Dissoudre la gélatine dans le vin blanc et mélanger les différents appareils. A la fin, incorporer délicatement la crème fouettée et placer au frais.

RYE BREAD MOUSSE

INGREDIENTS

1,25 dl	milk
½	vanilla bean
100 g	rye bread
20 g	kirsch
75 g	egg yolk
75 g	sugar
40 g	white wine
2 leaves	gelatine
300 g	cream, whipped

Preparation

Boil the milk with the vanilla bean, add the rye bread, and then purée. Whisk the kirsch with the egg yolk and sugar until foamy. Dissolve the gelatine in the white wine. Mix all the ingredients together, carefully fold in the whipped cream, and then refrigerate.

Hotel Allalin
Restaurant Walliserkanne

Giancarlo Lodigiani (rechts), Küchenchef, zusammen mit Rinaldo Moser (links) und Mathias Schmidpeter. / *Giancarlo Lodigiani (à droite), chef, avec Rinaldo Moser (à gauche) et Mathias Schmidpeter.* / *Giancarlo Lodigiani (right), Chef, with Rinaldo Moser (left) and Mathias Schmidpeter.*

«Hotel Allalin, Restaurant Walliserkanne, Saas-Fee»

Siebter Himmel der Gemütlichkeit
Stil, gepaart mit Ungezwungenheit. Tradition ergänzt mit Design. Leichte Küche, genussvoll und mit kompromissloser Frische. Auf sonnendurchfluteter Terrasse spiegeln sich Viertausender im edlen Tropfen.

Un lieu de félicité
Un cadre élégant et décontracté à la fois, traditionnel et design. La délicieuse cuisine met un point d'honneur à la légèreté et à la fraîcheur. Les 4 000 mètres surplombant le village se reflètent dans les grands crus servis sur la terrasse ensoleillée.

A seventh heaven of cosiness
Style coupled with ease. Tradition complemented by design. Light, enjoyable cuisine of the utmost freshness. On the sun-drenched terrace, fine wines reflect the panorama of the four thousand metre peaks.

Tobias und Sandra Zurbriggen, Besitzer und Gastgeber.
Tobias et Sandra Zurbriggen, propriétaires et tenanciers.
Tobias and Sandra Zurbriggen, Proprietors and Hosts.

Préparation

Foie de canard

Retirer la veine centrale et les vaisseaux du foie de canard, débiter en morceaux et mariner dans le mélange madère, porto et thym.

Millefeuille

Assaisonner les morceaux de foie, les rouler dans la farine et les saisir dans un peu d'huile. Eponger. Monter un mille feuille en alternant une couche de feuille à wonton, de chou frisé et de foie.
Dresser un peu de chou frisé dans le petit panier wonton et décorer de mousse de canard à l'aide du siphon. Servir avec la sauce aux airelles.

Feuilles à wonton

Pour le millefeuille, couper 2 feuilles à wonton en quatre et griller à l'huile d'olive. Enduire les 4 feuilles restantes d'huile d'olive et façonner des petits paniers à l'aide de petits moules. Cuire au four à 200 °C durant environ 10 minutes.

Chou frisé à la pomme

Faire suer l'échalote et l'ail dans l'huile d'olive. Ajouter le chou et la pomme, saler et poivrer. Déglacer au jus de pomme et laisser sur le feu. Incorporer la crème et le safran, puis faire réduire. Ajouter le Noilly Prat et les pignons, puis porter à ébullition. Affiner avec de la crème fouettée juste avant de servir.

Mousse de canard

Assaisonner le foie de canard. Le plonger dans une casserole contenant le porto et la crème, puis porter brièvement à ébullition. Réduire en purée. Battre les jaunes d'œufs avec le porto et la crème, assaisonner. Mélanger le sabayon au foie, rectifier l'assaisonnement et passer à l'étamine. Verser la préparation dans un siphon à chantilly, de préférence ISI Gourmet Whip, y placer 2 cartouches, puis faire chauffer au bain-marie.

INGRÉDIENTS

Foie de canard
300 g	de foie de canard	50 g	de pomme gala en dés
un peu	de madère, de porto et de thym		sel de mer et poivre
		1 dl	de jus de pomme
un peu	de farine	1 dl	de crème
un peu	d'huile	1 pointe	de safran
		1 tombée	de Noilly Prat
Feuilles à wonton		10 g	de pignons grillés
6 feuilles	à wonton	un peu	de crème fouettée
un peu	d'huile d'olive		
		Mousse de canard	
Chou frisé à la pomme		80 g	de foie de canard
1	échalote hachée	un peu	de porto
1	gousse d'ail hachée	0,5 dl	de vin
un peu	d'huile d'olive	2	jaunes d'œufs
100 g	de chou frisé émincé	0,25 dl	de porto
		0,25 dl	de crème
			sel et poivre

MILLEFEUILLE DE FOIE DE CANARD ET CHOU FRISÉ *À LA POMME*

Preparation

Duck liver

Remove any veins or sinews from the duck liver. Slice the liver into pieces and marinate in the Madeira, port and thyme.

Mille-feuille

Season the liver pieces, coat in flour and fry in a small amount of olive oil. Pat dry with paper towel. Arrange in towers with the wonton wrappers and apple savoy cabbage. Place some apple savoy cabbage in the wonton baskets. Decorate with duck liver foam from the dispenser and serve with the cranberry sauce.

Wonton wrappers

Cut two wonton wrappers into quarters to make the mille feuille and fry these in olive oil. Brush the remaining four wrappers with olive oil and shape into baskets using moulds. Bake in a 200 °C oven for approximately 10 minutes.

Apple savoy cabbage

Gently fry the chopped shallot and garlic clove in olive oil. Add the sliced cabbage and apples and sauté. Season with sea salt and pepper. Deglaze with the apple juice. Add the cream and saffron and reduce. Mix in the Noilly Prat and the pine nuts and bring to a boil. Fold in a small amount of whipped cream just before serving.

Duck liver foam

Season the duck liver, briefly boil with the port and cream, then purée. Whisk the egg yolks, port and cream into a sabayon and season. Mix the liver with the sabayon, season to taste and pass through a fine sieve. Fill a whipped cream dispenser with the mixture (ideally an ISI Gourmet Whip), load with two chargers and keep warm in a water bath until ready to use.

MILLE-FEUILLE OF DUCK LIVER WITH *APPLE SAVOY CABBAGE*

INGREDIENTS

Duck liver
300 g	duck liver	50 g	gala apples, cubed
small amount	of Madeira, port and thyme		sea salt and pepper
		1 dl	apple juice
small amount	of flour	1 dl	cream
small amount	of oil	1 pinch	saffron
		1 splash	Noilly Prat
Wonton wrappers		10 g	pine nuts, roasted
6	wonton wrappers	small amount	of whipped cream
small amount	of olive oil		
		Duck liver foam	
Apple savoy cabbage		80 g	duck liver
1	shallot, chopped	small amount	of port
1	garlic clove, chopped	0,5 dl	wine
small amount	of olive oil	2	egg yolks
100 g	savoy cabbage, finely sliced	0,25 dl	port
		0,25 dl	cream
			salt and pepper

Restaurant Walliserkanne

Restaurant Walliserkanne

MILLE-FEUILLE
VON DER ENTENLEBER UND APFEL-WIRSING

ZUTATEN

Entenleber
- 300 g Entenleber
- wenig Madeira, Portwein und Thymian
- wenig Mehl
- wenig Öl

Won-Ton-Blätter
- 6 Stück Won-Ton-Blätter
- wenig Olivenöl

Apfel-Wirsing
- 1 Schalotte, gehackt
- 1 Knoblauchzehe, gehackt
- wenig Olivenöl
- 100 g Wirsing, fein geschnitten
- 50 g Apfelwürfel, Gala
- Meersalz und Pfeffer
- 1 dl Süssmost
- 1 dl Rahm
- 1 Prise Safran
- 1 Spritzer Noilly Prat
- 10 g Pinienkerne, geröstet
- wenig Rahm, geschlagen

Entenleberespuma
- 80 g Entenleber
- wenig Portwein
- 0,5 dl Wein
- 2 Eigelb
- 0,25 dl Portwein
- 0,25 dl Rahm
- Salz und Pfeffer

Zubereitung

Entenleber

Entenleber von Äderchen und Sehnen befreien, in Stücke schneiden und mit Madeira, Portwein und dem Thymian marinieren.

Mille-feuille

Entenleberstücke würzen, in Mehl wenden und in wenig Öl braten. Mit Papier trocken tupfen. Mit Won-Ton-Blättern und Apfel-Wirsing zu Türmchen anrichten. Etwas Apfel-Wirsing in die Won-Ton-Körbchen geben und Entenleberespuma mittels Bläser darin anrichten. Preiselbeersauce dazu servieren.

Won-Ton-Blätter

Zwei der Won-Ton-Blätter für das Mille Feuille vierteln und in Olivenöl anbraten. Die übrigen vier Blätter mit Olivenöl bestreichen, in Förmchen zu Körbchen formen und im Ofen bei 200 °C ca. 10 Minuten backen.

Apfel-Wirsing

Schalotte und Knoblauch in Olivenöl andünsten. Geschnittenen Wirsing und Apfel beigeben, mitdünsten, mit Meersalz und Pfeffer würzen. Mit Süssmost ablöschen, weiter dünsten. Rahm und Safran beigeben, einkochen. Noilly Prat und Pinienkerne beigeben und aufkochen. Kurz vor dem Servieren wenig geschlagenen Rahm unterziehen.

Entenleberespuma

Entenleber würzen, zusammen mit Portwein und Rahm kurz aufkochen, pürieren. Eigelbe zusammen mit Portwein und Rahm zu Sabayon schlagen, würzen. Massen miteinander mischen, abschmecken und durch ein feines Sieb passieren. In Rahmbläser füllen (idealerweise ISI Gourmet Whip), zwei Gaspatronen einfüllen und im Wasserbad warmstellen.

Restaurant Walliserkanne

SEETEUFELFILET MIT CHORIZOKRUSTE
AUF VANILLEPOLENTA
UND KIRSCHTOMATENSUGO

ZUTATEN

Seeteufel
500 g	Seeteufelfilet
wenig	Olivenöl
einige	Basilikumblätter

Chorizokruste
100 g	Butter
1	Eigelb
½	Orange, abgeriebene Schale
1 Zweig	Rosmarin, gehackt
75 g	Chorizo
wenig	Olivenöl
50 g	Chorizo, fein gewürfelt
50 g	Paniermehl
75 g	Mehl

Vanillepolenta
1	Schalotte, gehackt
1	Knoblauchzehe, gehackt
3,5 dl	Geflügelfond
3,5 dl	Milch
1	Vanillestängel
150 g	Maisgriess, mittel
	Meersalz und Pfeffer
wenig	Parmesan
wenig	Rahm, geschlagen

Kirschtomatensugo
250 g	Kirschtomaten
1	rote Zwiebel, gehackt
1	Knoblauchzehe, gehackt
1 Zweig	Rosmarin, gehackt
1 Prise	brauner Zucker
1 Prise	Meersalz
10 g	Butter
0,2 dl	Balsamico

Zubereitung

Chorizokruste
Butter zusammen mit dem Eigelb schaumig schlagen, Orangenraps und Rosmarin beigeben. 75 g Chorizo mit wenig Olivenöl fein kuttern, beigeben. Chorizo-Würfel, Paniermehl und Mehl daruntermengen, zu geschmeidiger Masse verarbeiten, gut durchkühlen lassen.

Seeteufel
Filets trockentupfen, kurz anbraten und mit Olivenöl bepinseln, Basilikumblätter darauf verteilen. Chorizokruste darübergeben, je nach Grösse ca. 10 Minuten bei 180 °C garen, kurz unter Salamander überbacken. Aufschneiden in 4 Portionen, vorher aber etwas abstehen lassen.

Vanillepolenta
Schalotte und Knoblauch in Olivenöl andünsten, mit Geflügelfond und Milch ablöschen. Vanillestängel beigeben, 10 Minuten köcheln lassen. Maisgriess einrühren, während ca. 40 Minuten auf kleinem Feuer fertig kochen, mit Meersalz und Pfeffer abschmecken. Vor dem Servieren etwas Parmesan und geschlagenen Rahm darunterrühren.

Kirschtomatensugo
Kirschtomaten halbieren, in Olivenöl mit Zwiebeln und Knoblauch andünsten. Rosmarin, Zucker, Meersalz und Butter beigeben, abschmecken. Am Schluss den Balsamico beigeben und zu einer Sauce einköcheln lassen.

Anrichten
Seeteufel mit Polenta anrichten – nach Belieben auf gegrillten Zucchetti-Scheiben – und mit Kirschtomatensugo garnieren.

Préparation

Croûte de chorizo

Battre le beurre et le jaune d'œuf en mousse, incorporer le zeste d'orange et le romarin. Passer les 75 g de chorizo au hachoir avec un peu d'huile d'olive et ajouter, tout comme le chorizo en dés, la chapelure et la farine. Mélanger le tout jusqu'à obtention d'une pâte onctueuse, placer au frais.

Baudroie

Bien éponger les filets, les saisir brièvement avant de les badigeonner d'huile d'olive à l'aide d'un pinceau, puis de les parsemer de feuilles de basilic. Recouvrir ensuite de pâte de chorizo, puis cuire au four à 180 °C durant 10 minutes environ selon la taille des filets. Pour terminer, faire dorer rapidement sous la salamandre. Laisser reposer un peu, puis découper en 4 parts.

Polenta à la vanille

Faire revenir l'échalote et l'ail à l'huile d'olive, déglacer au fond de volaille et au lait. Ajouter la gousse de vanille et laisser mijoter 10 minutes. Incorporer la semoule de maïs et poursuivre la cuisson à petit feu durant 40 minutes environ. Saler et poivrer. Ajouter un peu de parmesan et de crème fouettée juste avant de servir.

Sugo de tomates cerises

Couper les tomates cerises en deux et les faire revenir à l'huile d'olive avec l'oignon et l'ail. Ajouter le romarin, le sucre, le sel de mer et le beurre, puis rectifier l'assaisonnement. Pour terminer, incorporer le balsamique et faire réduire jusqu'à obtention d'une sauce.

Présentation

Servir la baudroie avec la polenta sur un lit de courgettes grillées, selon les goûts, et décorer de sugo de tomates cerises.

BAUDROIE EN CROÛTE DE CHORIZO AVEC *POLENTA* À LA *VANILLE* ET SUGO DE TOMATES CERISES

INGRÉDIENTS

Baudroie
500 g	de filet de baudroie	3,5 dl	de fond de volaille
un peu	d'huile d'olive	3,5 dl	de lait
quelques	feuilles de basilic	1	gousse de vanille
		150 g	de semoule de maïs moyenne
			sel de mer et poivre

Croûte de chorizo
100 g	de beurre	un peu	de parmesan
1	jaune d'œuf	un peu	de crème fouettée
½	orange, zeste râpé		
1 branchette	de romarin haché		
75 g	de chorizo		
un peu	d'huile d'olive		
50 g	de chorizo en petits dés		
50 g	de chapelure		
75 g	de farine		

Sugo de tomates cerises
250 g	de tomates cerises
1	oignon rouge haché
1	gousse d'ail hachée
1 branchette	de romarin haché
1 pincée	de sucre brun
1 pincée	de sel de mer
10 g	de beurre
0,2 dl	de balsamique

Polenta à la vanille
1	échalote hachée
1	gousse d'ail hachée

MONKFISH FILLETS IN A CHORIZO CRUST OVER *VANILLA POLENTA* WITH CHERRY TOMATO SAUCE

INGREDIENTS

Monkfish
500 g	monkfish fillets	3.5 dl	chicken stock
small amount	of olive oil	3.5 dl	milk
several	basil leaves	1	vanilla bean
		150 g	cornmeal, medium grain
			sea salt and pepper
		small amount	of parmesan
		small amount	of cream, whipped

Chorizo crust
100 g	butter
1	egg yolk
½	orange, grated zest
1 sprig	rosemary, chopped
75 g	chorizo
	olive oil
50 g	chorizo, finely diced
50 g	bread crumbs
75 g	flour

Cherry tomato sauce
250 g	cherry tomatoes
1	red onion, chopped
1	garlic clove, chopped
1 sprig	rosemary, chopped
1 pinch	brown sugar
1 pinch	sea salt
10 g	butter
0,2 dl	balsamic vinegar

Vanilla polenta
1	shallot, chopped
1	garlic clove, chopped

Preparation

Chorizo crust

Whisk the butter with the egg yolk until foamy. Add the orange zest and the rosemary. In the food processor, finely chop 75 g chorizo with a small amount of olive oil. Add the remaining chorizo cubes, breadcrumbs and flour and blend until smooth. Allow to cool thoroughly.

Monkfish

Pat dry the fish fillets, briefly sauté and brush with olive oil. Arrange the basil leaves over the top. Coat with the chorizo crust and bake in a 180 °C oven for approximately 10 minutes, depending on the size of the fillet. Briefly gratinate, slice into 4 portions, then leave to rest.

Vanilla polenta

Sauté the shallot and garlic in olive oil. Deglaze with the chicken stock and milk. Add the vanilla bean and simmer for 10 minutes. Stir in the cornmeal and cook over low flame for approximately 40 minutes. Season with sea salt and pepper. Stir in some parmesan and whipped cream just before serving.

Cherry tomato sauce

Halve the cherry tomatoes and sauté in olive oil with the onions and garlic. Add the rosemary, sea salt and butter. Season to taste. Pour in the balsamic vinegar at the end and reduce until the sauce thickens.

Presentation

Arrange the monkfish with the polenta (served on grilled zucchini slices if desired) and garnish with the cherry tomato sauce.

Préparation
Poire Bacchus au massepain
La veille, faire réduire le vin de moitié, puis ajouter le bâton de cannelle, le zeste d'orange, la gousse de vanille et le sucre de canne. Peler les poires, les entailler à la base pour les évider. Les pocher dans le vin chaud et les laisser refroidir dans le jus. Faire macérer au moins un jour. Mélanger 2,5 dl du jus préalablement passé avec l'agar-agar. Porter à ébullition et faire mijoter 1 à 2 minutes. Laisser refroidir et gélifier, puis couper en dés pour la décoration. Farcir les poires d'un morceau de massepain et réchauffer dans le reste du jus.

Pain d'épices
Mélanger tous les ingrédients et verser l'appareil sur une plaque. Cuire au four à 180 °C durant environ 30 minutes. Laisser refroidir et couper en dés.

Glace au pain d'épices
Porter à ébullition le lait avec les épices, la vanille, la cannelle et l'anis, faire mijoter brièvement. Battre les jaunes d'œufs et le sucre en mousse. Mélanger les deux préparations, passer, puis cuire jusqu'à épaississement. Laisser refroidir, incorporer les dés de pain d'épices et placer dans une sorbetière. Suggestion: à défaut de sorbetière, ajouter un peu de crème fouettée à l'appareil avant les dés de pain d'épices et placer au congélateur.

Sabayon au Galiano
Mélanger tous les ingrédients au bain-marie et battre en sabayon.

INGRÉDIENTS

Poire Bacchus au massepain
7 dl	de vin rouge capiteux
1 bâton	de cannelle
1	zeste d'orange
1 gousse	de vanille
250 g	de sucre de canne
4	poires conférence pas trop mûres
1 c.c.	d'agar-agar
un peu	de massepain

Pain d'épices
100 g	de farine bise
180 g	de crème acidulée
40 g	de miel
70 g	de sucre
1 c.c.	de poudre à lever
1 c.s.	d'épices pour pain d'épices

Glace au pain d'épices
5 dl	de lait
un peu	d'épices pour pain d'épices
1 gousse	de vanille
1 bâton	de cannelle
1	anis étoilé
4	jaunes d'œufs
85 g	de sucre de canne

Sabayon au Galiano
2	jaunes d'œufs
2 c.s.	de sucre
0,5 dl	de Galiano
1 tombée	de vin blanc

POIRE BACCHUS AU MASSEPAIN
AVEC GLACE AU PAIN D'ÉPICES ET SABAYON AU GALIANO

MARZIPAN MULLED WINE PEAR WITH LEBKUCHEN ICE CREAM AND GALIANO SABAYON

INGREDIENTS

Mulled wine pear
7 dl	strong red wine
1 stick	cinnamon
1	orange, zest only
1	vanilla bean
250 g	cane sugar
4	conference pears, not too ripe
1 tsp	agar agar
small amount	of marzipan

Lebkuchen
100 g	whole wheat flour
180 g	sour cream
40 g	honey
70 g	sugar
1 tsp	baking powder
1 tbsp	lebkuchen spice mix

Lebkuchen ice cream
5 dl	milk
some	lebkuchen spice mix
1	vanilla bean
1 stick	cinnamon
1	star anise
4	egg yolks
85 g	cane sugar

Galiano sabayon
2	egg yolks
2 tbsp	sugar
0,5 dl	Galiano
1 splash	white wine

Preparation
Mulled wine pear
Boil the red wine until reduced by half. Add the cinnamon stick, orange zest, vanilla bean and cane sugar. Peel and trim the pear, then core from the bottom. Poach in the mulled wine, cool and leave in the cooking liquid for at least one day. Mix 2,5 dl of the sieved cooking liquid with the agar agar, bring to a boil and simmer for 1–2 minutes. Cool and leave to firm. Cut into cubes and use for the garnish. Stuff the pear with a piece of the marzipan and warm in the remaining cooking liquid.

Lebkuchen
Mix together all ingredients, spread out onto a baking tray and bake in a 180 °C oven for approximately 30 minutes. Cool and slice into cubes.

Lebkuchen ice cream
Boil the milk with the spices, vanilla, cinnamon and anis and simmer briefly. Whisk the egg yolk with the cane sugar until foamy. Blend the two mixtures and pass through a sieve. Cook until just thickened, then leave to cool. Freeze in the ice cream maker. Add the Lebkuchen cubes at the end.
Tip: If no ice cream maker is available, then fold some whipped cream into the mixture, add the Lebkuchen cubes and freeze.

Galiano sabayon
Whisk the ingredients into a sabayon over a water bath.

Restaurant Walliserkanne

GLÜHWEIN-MARZIPAN-BIRNE
MIT LEBKUCHENEIS UND GALIANOSABAYON

ZUTATEN

Glühweinbirne
7 dl	kräftiger Rotwein
1	Zimtstange
1	Orange, Zeste
1	Vanillestängel
250 g	Rohrzucker
4	Birnen Conference, nicht zu reif
1 TL	Agar Agar
wenig	Marzipan

Lebkuchen
100 g	Ruchmehl
180 g	Sauerrahm
40 g	Honig
70 g	Zucker
1 TL	Backpulver
1 EL	Lebkuchengewürz

Lebkucheneis
5 dl	Milch
etwas	Lebkuchengewürz
1	Vanillestängel
1	Zimtstange
1	Sternanis
4	Eigelb
85 g	Rohrzucker

Galianosabayon
2	Eigelb
2 EL	Zucker
0,5 dl	Galiano
1 Spritzer	Weisswein

Zubereitung

Glühweinbirne
Rotwein zur Hälfte einkochen, Zimtstange, Orangenzeste, Vanillestängel und Rohrzucker beigeben. Die Birnen schälen, zuschneiden und von unten aushöhlen. Im Glühwein pochieren und im Sud erkalten lassen. Mindestens einen Tag darin ziehen lassen, danach die Birnen herausnehmen. 2,5 dl des abgesiebten Sudes zusammen mit Agar Agar vermischen, aufkochen und 1–2 Minuten köcheln lassen. Auskühlen und erstarren lassen, in Würfel schneiden und zum Garnieren verwenden. Die Birnen mit je einem Stück Marzipan füllen und im restlichen Sud erwärmen.

Lebkuchen
Alle Zutaten miteinander verrühren, auf ein Blech streichen und während ca. 30 Minuten bei 180 °C backen. Auskühlen lassen und in Würfel schneiden.

Lebkucheneis
Milch zusammen mit Gewürz, Vanille, Zimt und Anis aufkochen, etwas köcheln lassen. Eigelb mit Rohrzucker schaumig schlagen. Die beiden Massen mischen, durch Sieb passieren, zur Rose kochen und auskühlen lassen. In Glacemaschine frieren, kurz vor Schluss die Lebkuchenwürfel beigeben.
Tipp: Falls keine Glacemaschine vorhanden: Etwas geschlagenen Rahm unter die Masse ziehen, Lebkuchenwürfel beigeben und einfrieren.

Galianosabayon
Alles zusammen im Wasserbad zu Sabayon schlagen.

V.l.n.r. / *de gauche à droite* / *from left to right:* Raoul Kuonen, Romi Zemanek, Michael Diezig (Lernender / *apprenti* / *apprentice*), Friedrich Zemanek und / *et* / and Carlos da Silva.

«Hotel Walliser-Kanne Fiesch»

Traditionell-handwerkliche Küche
Naturfrisch und saisonal, unverfälscht und regional werden die Gerichte während allen vier Jahreszeiten präsentiert. Eine vielseitige Küche, ob Fleisch, Fisch, vegetarisch oder Menü Surprise – es hat für jeden Geschmack etwas dabei.

Cuisine artisanale de tradition
Des mets à base de produits naturels, frais et de saison révèlent l'authenticité d'une cuisine régionale tout au long de l'année. Viande, poisson, mets végétariens ou menus surprise, chacun y trouve son bonheur.

Skilfully prepared traditional cuisine
The authentic, regional food and varied cuisine is freshly prepared according to season. Whether meat, fish, or Chef's surprise, there is something here for every taste.

Romi und Friedrich Zemanek, Gastgeber / *tenanciers* / *Hosts*.

RAVIOLES AUX HERBES SAUVAGES
À LA VAPEUR CHAMPÊTRE ACCOMPAGNÉES DE JAMBON CRU DE LAMA

INGRÉDIENTS

Pâte
120g de farine
1 œuf
1 jaune d'œuf
70g d'épinards sauvages hachés (chénopode Bon-Henri)
20g d'huile
20g de beurre
50g d'échalote
1 gousse d'ail

Farce
150g d'herbes des prés (renouée, vipérine, gaillet, etc.)
selon les goûts herbes sauvages
sel et poivre
1 cl d'huile d'olive
100g de jambon cru de lama
120g de bolets pomme de pin (aigres-doux)

Sauce
20g de beurre
25g d'échalote
1 dl de crème entière
50g de moutarde douce
3g d'oseille sauvage
sel et poivre
1 cl de balsamique au miel

Préparation
Pâte
Travailler les ingrédients en une pâte compacte, puis abaisser.

Farce
Hacher menu les herbes des prés, les faire revenir brièvement au beurre avec l'échalote, puis assaisonner. Garnir la pâte à ravioles de cette farce, puis replier. Former des ravioles à l'aide d'un couteau roulette cannelée, badigeonner d'huile d'olive et cuire à la vapeur des herbes sauvages en quantité abondante.

Sauce
Chauffer le beurre, y faire suer l'échalote, incorporer la crème et réduire légèrement. Ajouter ensuite moutarde, épices et balsamique pour obtenir une sauce.

Dresser les ravioles avec le jambon cru et les champignons.

STEAMED RAVIOLI
WITH FIELD GREENS AND AIR DRIED LAMA HAM FROM FIESCH

INGREDIENTS

Pasta
120g flour
1 egg
1 egg yolk
70g chopped wild spinach (Guter Heinrich)
20g oil
20g butter
50g shallots
1 clove garlic

Filling
150g field greens (knotweed, blue weed, field cleaver etc.)
acc. to taste wild herbs
salt and pepper
1 cl olive oil
100g air-dried lama ham
120g sprucecone cap mushrooms (marinated sweet-sour)

Sauce
20g butter
25g shallots
1 dl cream
50g sweet mustard
3g sorrel
salt and pepper
1 cl honey balsamico

Preparation
Pasta
Work the ingredients into a compact dough, and then roll out flat.

Filling
Finely chop the field greens and lightly sauté in butter with the shallots. Season, spread over the ravioli dough, and then cover. Slice out strips in serving portions. Brush the ravioli with olive oil and steam with plentiful wild herbs.

Sauce
Sauté the shallots in the heated butter. Pour in the cream and simmer. Stir in the mustard, seasonings and balsamico.

Serve the ravioli with air-dried ham and mushrooms.

Hotel Walliser-Kanne
Fiesch

Hotel Walliser-Kanne Fiesch

WIESENGRÜNMAULTÄSCHLE
IN DESSEN DAMPF GEGART
MIT FIESCHER LAMAROHSCHINKEN

ZUTATEN

Teig
- 120 g Mehl
- 1 Ei
- 1 Eigelb
- 70 g gehackter wilder Spinat (Guter Heinrich)
- 20 g Öl
- 20 g Butter
- 50 g Schalotten
- 1 Knoblauchzehe

Füllung
- 150 g Wiesengrün (Knöterich, Natterkopf, Wiesen-Labkraut etc.)
- nach Belieben Wildkräuter
- Salz und Pfeffer
- 1 cl Olivenöl
- 100 g Lamarohschinken
- 120 g Tannenzapfenrüblinge (süss-sauer eingemacht)

Sauce
- 20 g Butter
- 25 g Schalotten
- 1 dl Vollrahm
- 50 g Süsssenf
- 3 g Sauerklee
- Salz und Pfeffer
- 1 cl Honigbalsamico

Zubereitung

Teig
Die Zutaten zu einem kompakten Teig verarbeiten und ausrollen.

Füllung
Wiesengrün fein hacken und mit Schalotten in der Butter leicht andünsten. Würzen und den Ravioliteig damit belegen, abdecken. Am Stück portionsweise schlangenartig zuschneiden, mit Olivenöl bestreichen und im Dampf oder über dem Dampf mit vielen Wildkräutern dämpfen lassen.

Sauce
Butter erhitzen, Schalotten darin anziehen, Rahm zugiessen und etwas einkochen lassen. Mit Senf, Gewürzen und Balsamico zur Sauce verrühren.

Die Maultaschen passend mit Rohschinken und Pilzen servieren.

KONFIERTES GITZI-TANDEM
AUS DEM GOMMERTAL
AUF, MIT UND IN BÄRENKLAU

ZUTATEN

Fleisch
400 g	Gitzifleisch, ausgebeintes Edelstück
200 g	Gitzileberli
4 Blätter	Bärenklau, gut ausgewachsen
1 l	Olivenöl
1	Knoblauchzehe
	Fleur de sel, Pfeffer, Rosmarin
70 g	Schalotten
1 dl	Gemüsefond
1 Prise	Zucker

Oliven- und Tomatenmurmeln
200 g	Pellkartoffeln
1	Ei
1	Eigelb
80 g	Mehl
25 g	Schwarzolivenpüree
20 g	Tomatenpüree
25 g	Butter

Jus
etwas	Holzrinde (Buche)
	Gitzijus
2 dl	Gitzimilch

Zubereitung
Fleisch

Gesäubertes Gitzinierenstück und Leberli in Olivenöl mit Knoblauch, Rosmarin und Salz auf Punkt garen. Bärenklau säubern, Blätter mit Olivenöl erhitzen. Das Gegarte darin einpacken und warm halten. Stiele klein schneiden, mit Schalotten, Öl, Zucker, Salz und Gemüsefond weich garen.

Oliven- und Tomatenmurmeln

Kartoffeln passieren. Die Menge halbieren und je eine Hälfte mit Oliven- und Tomatenpüree, Mehl, Ei und Gewürzen vermengen. Kleine Kugeln drehen. In Salzwasser köcheln, herausnehmen, abtropfen lassen und in der Butter leicht schwenken.

Jus

Gitzijus mit gewaschener Baumrinde einreduzieren, abschmecken und mit aufgeschäumter Gitzimilch bedecken.

DUO DE CABRI DE LA VALLÉE DE GOMS CONFIT À LA BERCE

INGRÉDIENTS

Viande
400 g	de viande de cabri, selle désossée
200 g	de foie de cabri
4 feuilles	de berce bien lavées
1 l	d'huile d'olive
1 gousse	d'ail
	fleur de sel, poivre, romarin
70 g	d'échalote
1 dl	de fond de légumes
1 pincée	de sucre

Billes aux olives et aux tomates
200 g	de pommes de terre en robe des champs
1	œuf
1	jaune d'œuf
80 g	de farine
25 g	de crème d'olives noires
20 g	de concentré de tomates
25 g	de beurre

Jus
un peu	d'écorce de hêtre
	jus de cabri
2 dl	de lait de chèvre

Préparation
Viande

Braiser la selle de cabri et le foie nettoyés dans l'huile d'olive additionnée d'ail, de romarin et de sel. Laver la berce, puis chauffer les feuilles dans l'huile d'olive. Envelopper la viande braisée de ces feuilles et réserver au chaud. Couper menu les tiges et les cuire jusqu'à tendreté avec l'échalote, l'huile, le sucre, le sel et le fond de légumes.

Billes aux olives et aux tomates

Passer les pommes de terre au presse-purée. Mélanger une moitié avec la crème d'olives et l'autre avec le concentré de tomates, puis ajouter dans les deux farine, œuf et épices. Former de petites billes. Cuire dans l'eau frémissante, retirer et égoutter. Passer rapidement au beurre.

Jus

Réduire le jus de cabri avec l'écorce de hêtre lavée, assaisonner et recouvrir de lait de chèvre monté en mousse.

CONFIT DUO OF GOMMERTAL KID, OVER, WITH AND IN COW PARSNIP LEAVES

INGREDIENTS

Meat
400 g	kid, deboned loin
200 g	kid liver
4 leaves	cow parsnip, large
1 l	olive oil
1 clove	garlic
	fleur de sel, pepper, rosemary
70 g	shallots
1 dl	vegetable stock
1 pinch	sugar

Olive and tomato marbles
200 g	potatoes boiled in their jackets
1	egg
1	egg yolk
80 g	flour
25 g	black olive paste
20 g	tomato paste
25 g	butter

Jus
some	wood bark (beech)
	kid gravy
2 dl	kid milk

Preparation
Meat

Trim the kid loin and simmer in olive oil with the livers, garlic, rosemary and salt until perfectly cooked. Rinse the cow parsnip leaves, remove the stems and heat in olive oil. Wrap the cooked meat in the leaves and keep warm. Finely chop the stems and cook with the shallots, oil, sugar, salt and vegetable stock until soft.

Olive and tomato marbles

Press the boiled potatoes through a sieve. Divide into half and mix each half with the olive and tomato pastes, flour, egg and seasonings. Roll into small balls and cook in salted water. Remove, drain and lightly coat in melted butter.

Jus

Boil the kid gravy with the rinsed bark until reduced. Season and cover with the whisked kid milk.

PUDDING AU BLEU AVEC BABEURRE GLACÉ *(CRÉATION DE MICHAEL, APPRENTI)*

Préparation
Pudding
Saupoudrer de sucre les moules à pudding beurrés. Faire chauffer le fromage avec les jaunes d'œufs, les amandes, les noisettes et la panure. Mélanger le tout aux blancs d'œufs montés en neige ferme. Verser dans les moules et terminer la cuisson au four au bain-marie.

Cerises en gelée
Porter à ébullition le jus de cerise avec l'agar-agar, retirer du feu, y plonger les cerises fraîches et faire gélifier. Chauffer le coulis de raisin, puis ajouter la pectine, le sucre, le glucose et cuire jusqu'à environ 105 °C. Incorporer ensuite le thym, le marc et, selon les goûts, un peu de jus de citron. Remplir les moules jusqu'à la moitié et laisser reposer.

Babeurre glacé
Confectionner un semi-froid avec le babeurre, le lait, la crème entière, les jaunes d'œufs, la gélatine et le sucre. Verser dans les moules déjà remplis jusqu'à la moitié et placer au congélateur. Au moment de servir, démouler et, si nécessaire, couper.

Dresser les différents desserts avec fantaisie.

INGRÉDIENTS

Pudding
- 50 g de fromage à pâte persillée
- 25 g d'amandes moulues
- 25 g de noisettes moulues
- 25 g de panure
- 3 œufs
- 60 g de sucre
- 1 pincée de cannelle

Cerises en gelée
- 4 cerises
- 2 cl de jus de cerise
- 1,5 g d'agar-agar
- un peu de pectine
- 125 g de coulis de raisin
- 125 g de sucre
- 25 g de glucose
- thym sauvage
- 3 g de marc

Babeurre glacé
- 70 g de babeurre
- 50 g de lait
- 70 g de crème entière
- 1 feuille de gélatine
- 2 jaunes d'œufs
- 50 g de sucre

ORGANIC BLUE CHEESE PUDDING WITH BUTTERMILK PARFAIT *(MICHI'S APPRENTICE CREATION)*

Preparation
Pudding
Dust buttered pudding moulds with sugar. Warm the cheese with the egg yolk, and then mix in the almonds, nuts and breadcrumbs. Fold in the whipped cream. Spoon into moulds and cook in a water bath until done.

Jellied cherries
Boil the cherry juice with the agar agar, add the fresh cherries and leave to thicken. Heat the purée, add the pectin, sugar, and glucose and boil until approximately 105 °C. Add the thyme, pour in the alcohol and flavour with lemon juice if necessary. Half fill moulds with the mixture and then leave to rest.

Buttermilk parfait
Mix the buttermilk, milk, cream, egg yolk, gelatine and sugar into a parfait. Spoon into the already half-full moulds and freeze. Slice if necessary.

Creatively arrange the different parts of the dessert and serve.

INGREDIENTS

Pudding
- 50 g blue cheese
- 25 g almonds, ground
- 25 g hazelnuts, ground
- 25 g breadcrumbs
- 3 eggs
- 60 g sugar
- 1 pinch cinnamon

Jellied cherries
- 4 cherries
- 2 cl cherry juice
- 1,5 g agar agar
- some pectin
- 125 g grape purée
- 125 g sugar
- 25 g glucose
- wild thyme
- 3 g marc

Buttermilk parfait
- 70 g buttermilk
- 50 g milk
- 70 g cream
- 1 leaf pectin
- 2 egg yolks
- 50 g sugar

BIO-BLAUSCHIMMELKÄSE ALS PUDDING MIT BUTTERMILCHGEEISTEM
(MICHIS LEHRLINGS-DESIGN)

ZUTATEN

Pudding
- 50 g Blauschimmelkäse
- 25 g Mandeln, gemahlen
- 25 g Haselnüsse, gemahlen
- 25 g Semmelbrösel
- 3 Eier
- 60 g Zucker
- 1 Prise Zimt

Gelierte Kirschen
- 4 Kirschen
- 2 cl Kirschsaft
- 1,5 g Agar-Agar
- etwas Pektin
- 125 g Traubenpüree
- 125 g Zucker
- 25 g Glukose
- wilder Thymian
- 3 g Trester

Buttermilchgeeistes
- 70 g Buttermilch
- 50 g Milch
- 70 g Vollrahm
- 1 Blatt Gelatine
- 2 Eigelb
- 50 g Zucker

Zubereitung

Pudding
Ausgebutterte Puddingförmchen mit Zucker ausstreuen. Käse mit Eigelb erwärmen, Mandeln, Nüsse und Brösel vermischen. Das Ganze mit steif geschlagenem Eiweiss vermengen. In Förmchen füllen und in Wasserbad im Ofen fertig garen.

Gelierte Kirschen
Kirschsaft mit Agar-Agar zum Kochen bringen und mit frischen Kirschen gelieren lassen. Das Püree erhitzen, Pektin, Zucker, Glukose beigeben und bis ca. 105 °C kochen. Thymian beigeben, Alkohol zugiessen und nach Bedarf mit etwas Zitronensaft abrunden. Die Formen zur Hälfte füllen. Ruhen lassen.

Buttermilchgeeistes
Buttermilch, Milch, Vollrahm, Eigelb, Gelatine und Zucker zum Halbgefrorenen verarbeiten. Dies in die bereits zur Hälfte gefüllten Formen geben und gefrieren lassen. Stürzen und falls nötig schneiden.

Beim Anrichten die einzelnen Komponenten fantasievoll präsentieren.

Adressverzeichnis
Address list
Liste d'adresses

Panorama Hotel Alphubel
3906 Saas-Fee
Telefon 027 958 63 63, Fax 027 958 63 64
hotel.alphubel@saas-fee.ch
www.hotelalphubel.ch

Restaurant Bärgji-Alp
3925 Grächen
Telefon 027 956 15 77
www.baergji-alp.ch

Romantik Hotel Beau-Site
3906 Saas-Fee
Telefon 027 958 15 60
www.beausite.org

Cabane du Fromage
3906 Saas-Fee
Telefon 027 958 12 40, Fax 027 958 12 41
cabane@bluewin.ch
www.cabane-saas-fee.ch

Steakhouse Chüestall
3906 Saas-Fee
Telefon 027 958 91 60, Fax 027 958 91 60

Ristorante Pizzeria Don Ciccio
3906 Saas Fee
Telefon 027 957 40 20

Drehrestaurant Allalin
3906 Saas-Fee
Telefon 027 957 17 71, Fax 027 957 30 71
info@drehrestaurant-allalin.ch
www.drehrestaurant-allalin.ch

Ferienart Resort & SPA
Restaurant Cäsar Ritz
Restaurant Vernissage
3906 Saas-Fee
Telefon 027 958 19 00, Fax 027 958 19 05
info@ferienart.ch
www.ferienart.ch

Waldhotel Fletschhorn
3906 Saas-Fee
Telefon 027 957 21 31, Fax 027 957 21 87
info@fletschhorn.ch
www.fletschhorn.ch

Hotel du Glacier
3906 Saas-Fee
Telefon 027 958 16 00, Fax 027 958 16 05
info@duglacier.ch
www.duglacier.ch

Chalet-Hotel GletscherGarten
Restaurant Carl Zuckmayer-Stube
3906 Saas-Fee
Telefon 027 957 21 75, Fax 027 957 30 00
welcome@hotelgletschergarten.ch
www.hotelgletschergarten.ch

Hohnegg's Restaurant & Gourmetstübli
Hohnegg's Fonduehütte
3906 Saas-Fee
Telefon 027 957 22 68, Fax 027 957 12 49
welcome@hohnegg.ch
www.hohnegg.ch

Bäckerei Konditorei Confiserie
Tea-Room Imseng
Gletscherbräu
3906 Saas-Fee
Telefon 027 958 12 58, Fax 027 958 12 55
info@hotel-imseng.ch
www.hotel-imseng.ch

Grand Hotel Metropol
3906 Saas-Fee
Telefon 027 957 10 01, Fax 027 957 20 85
metropol-saas-fee@bluewin.ch
www.metropol-saas-fee.ch

Bergrestaurant Moosalp Törbel
3923 Törbel
Telefon 027 952 14 95, Fax 027 952 29 13
info@moosalp.ch
www.moosalp.ch

Bergrestaurant Morenia
3906 Saas-Fee
Telefon 027 957 18 81, Fax 027 958 98 99
morenia@bluewin.ch

Restaurant zur Mühle
3906 Saas-Fee
Telefon 027 957 26 76
moulin@saas-fee.ch
www.moulin-saas-fee.ch

Ristorante da Rasso
3906 Saas-Fee
Telefon 027 957 15 26
www.da-rasso.ch

Golfhotel Saaserhof
3906 Saas-Fee
Telefon 027 958 98 98, Fax 027 958 98 99
info@saaserhof.ch
www.saaserhof.ch

Restaurant zur Schäferstube
3906 Saas-Fee
Telefon 027 957 25 37
www.schaeferstube-saas-fee.ch

Schweizerhof Gourmet & SPA
3906 Saas-Fee
Telefon 027 958 75 75, Fax 027 958 75 76
www.schweizerhof-saasfee.ch

Sport-Hotel
Rôtisserie du Sport
3906 Saas-Fee
Telefon 027 958 13 58, Fax 027 958 13 59
info@sporthotel-saas-fee.ch
www.sporthotel-saas-fee.ch

St. Jodern Kellerei
Unterstalden
3932 Visperterminen
Telefon 027 946 41 46, Fax 027 946 80 76
info@jodernkellerei.ch
www.jodernkellerei.ch

Restaurant Waldhüs Bodmen
3906 Saas-Fee
Telefon 029 957 20 75
www.waldhues-bodmen.ch

Hotel Allalin
Restaurant Walliserkanne
3906 Saas-Fee
Telefon 027 958 10 00, Fax 027 958 10 01
hotel.allalin@saas-fee.ch
www.allalin.ch

Hotel Walliser-Kanne
3984 Fiesch
Telefon 027 970 12 40, Fax 027 970 12 45
info@walliserkanne-fiesch.ch
www.walliserkanne-fiesch.ch

Vorwahl für die Schweiz: +41